AF248257

27
II
23819

NOTICE BIOGRAPHIQUE

SUR M. LE BARON

DE BARANTE

PRÉSIDENT D'HONNEUR

DE L'ACADÉMIE DES SCIENCES, BELLES-LETTRES & ARTS DE CLERMONT-FERRAND

Lue à cette Académie dans la séance du 5 décembre 1867

PAR

M. G. MOULIN

Membre honoraire.

En quel nombre sont-ils donc ceux qui sont restés debout, dans l'abaissement presque universel des esprits et des courages?

(Discours de Royer-Collard. — Session de 1815.)

CLERMONT-FERRAND

FERDINAND THIBAUD, IMPRIMEUR-LIBRAIRE

Rue Saint-Genès, 8-10.

1867.

NOTICE BIOGRAPHIQUE

SUR M. LE BARON

DE BARANTE

⟵———⟶

Messieurs,

Vous avez bien voulu me confier le soin de rendre, suivant vos pieux usages, un suprême hommage à l'illustre confrère que la mort nous a ravi l'an dernier et que vos unanimes acclamations décoraient naguères du titre exceptionnel de président d'honneur (1).

S'il s'était agi d'un éloge par discours académique, j'aurais, pour de trop bonnes raisons, décliné la mission qui m'était proposée. Mais dans une de ces grandes solennités littéraires qui ont le privilége de fixer et de charmer l'attention publique, l'éloge de M. de Barante sera fait par l'éminent et puissant écrivain que l'Académie française lui a donné pour successeur (2).

Vous ne pouviez, Messieurs, me demander et je ne pouvais vous offrir qu'une simple Notice biographique.

---

(1) Art. 5 du Règlement de l'Académie. — « L'Académie peut se choisir » un Président d'honneur, qui préside de droit toutes les séances auxquelles » il assiste. »

Extrait du procès-verbal de la séance du 10 janvier 1862. — « M. de » Barante est proclamé par acclamation président d'honneur. »

(2) On sait que le successeur élu de M. de Barante est le Père Gratry, de l'Oratoire, que l'Académie de Clermont a l'honneur de compter parmi ses Associés libres. La séance de réception sera présidée par M. Vitet, l'un des hommes que M. de Barante a le plus honorés et le plus aimés.

J'ai beaucoup connu M. de Barante, ce qui revient à dire que je l'ai beaucoup aimé. Il a été un des grands respects, une des vives admirations de ma vie. Je ne pouvais pas me refuser à l'honneur et aussi au plaisir de vous parler de lui. Et quand, m'étant mis à l'œuvre, il m'a fallu étudier de plus près sa noble et pure existence, le suivre, au milieu des vicissitudes de son temps qui a été en partie le nôtre, dans ses actes si sages, si modérés, mais toujours si fermes et si conséquents ; quand j'ai relu ses nombreux ouvrages, tant de charmantes et cependant sérieuses compositions, — en contemplant dans son harmonieux ensemble, dans sa puissante unité morale, cette double carrière d'homme public et d'écrivain, j'ai senti s'accroître en moi la tendre vénération que j'ai vouée à sa mémoire ; j'ai aussi éprouvé pour l'Auvergne qui a produit un tel fils, pour notre cher pays, un sentiment de fierté qui ne peut manquer de trouver de l'écho dans cette enceinte.

Né à Riom, le 10 juin 1782, M. le baron Amable-Guillaume-Prosper BRUGIÈRE DE BARANTE, est décédé sur notre terre d'Auvergne, au château de Barante, le 21 novembre 1866. Dieu l'a fait ainsi vivre de longues années dans la période de temps la plus agitée, la plus orageuse, la plus féconde en luttes et en bouleversements de tout genre, qu'aient encore connue, que connaîtront peut-être jamais les sociétés humaines. Enfant, il avait vu s'écrouler l'ancien régime et la vieille monarchie française, éclater l'immense révolution qui allait ébranler et changer le monde. En fin de compte, il a vu successivement naître, vivre et mourir, dans les conditions les plus diverses, souvent les plus contraires, dix ou onze gouvernements dont, à son dernier jour, il aurait pu dire avec le vers du poète :

« Je n'ai fait que passer... ils n'étaient déjà plus ! »

Et il n'a pas été témoin stérile, spectateur désintéressé de tous ces prodigieux événements. Il lui a été donné souvent, depuis le commencement du siècle, d'y participer par l'action administrative et politique dans les situations les plus élevées de l'Etat, par sa parole toujours écoutée dans nos assemblées délibérantes, par sa vaillante plume de publiciste et d'historien. A vrai dire, la vie publique de M. de Barante, si elle était complétement racontée, serait une partie considérable de l'histoire contemporaine. Là est l'écueil de mon sujet, l'inévitable difficulté dont votre indulgence voudra bien me tenir quelque compte. J'aurais trop à dire ; je dirai trop et je n'aurai pas dit assez.

Ainsi, Messieurs, comment ne pas retracer quelques souvenirs de la famille si ancienne dans la province, si considérée à la sénéchaussée d'Auvergne ? Comment surtout ne pas vous parler du père de M. de Barante, fort distingué et lettré lui-même, que nos pères ont connu et honoré pour ses vertus et pour ses lumières ; qui, par ses exemples comme par ses leçons, a tant contribué à former dans son fils l'esprit du grand écrivain, et, ce qui vaut mieux encore, l'âme du grand homme de bien ?

I.

La famille Brugière de Barante est, vous le savez, originaire de Thiers. Elle possédait, depuis 1617, dans la banlieue de cette ville, la terre-noble dont elle porte le nom. Vers le milieu du dix-septième siècle, elle s'établit à Riom et se voua à l'exercice des fonctions judiciaires. C'était, suivant le langage du temps, une famille de robe, c'est-à-dire, de magistrature et de barreau. Le goût et la culture des lettres y étaient héréditaires comme l'intégrité professionnelle et l'honneur.

Sans trop abuser des détails généalogiques, je voudrais, en rappelant quelques ancêtres, établir cette filiation de vocation littéraire, vraiment bien remarquable, puisqu'elle s'est étendue à cinq générations successives de la même famille.

Je citerai dans l'ordre chronologique Antoine Brugière de Barante, avocat, docteur en droit, esprit très-cultivé pour son temps, qui avait épousé la sœur du célèbre jurisconsulte Prohet, commentateur de la Coutume d'Auvergne avant Chabrol.

Son fils, Claude-Ignace de Barante, né en 1670, était un véritable homme de lettres. Ami de Lesage et de Régnard, comme eux auteur dramatique, il avait composé et fait jouer plusieurs pièces de théâtre qui figurent dans la collection de Ghérardi ; il avait aussi publié des ouvrages fort estimés d'érudition et de critique littéraire (1). Après avoir passé sa jeunesse à Paris, il fut pourvu d'une charge de conseiller à la sénéchaussée d'Auvergne, qu'il résigna bientôt pour se livrer au libre exercice de la profession d'avocat. Orateur et jurisconsulte éminent, il siégea comme procureur général à la grande commission chargée d'organiser le régime forestier dans la province.

Sébastien de Barante, fils aîné de Claude-Ignace, fut aussi envoyé à Paris pour y terminer ses études, et placé sous la direction d'un ami de son père, le poète Danchet. Le jeune étudiant fut invité par son maître à composer une épître dédicatoire en vers que Danchet trouva si bien faite qu'il n'hésita pas à se l'approprier et à la publier sous son nom. Rentré à Riom où les jeunes de Barante revenaient toujours après un certain temps de stage dans la capitale, Sébastien y fut avocat et magistrat. Il avait épousé Mlle Archon des Pérouses, nom vénéré dans notre magistrature, que nous avons vu dignement porté, de nos jours, par un honorable président de la cour impériale.

J'ai hâte d'arriver au fils de Sébastien, un autre Claude-Ignace, qui doit occuper une plus grande place dans cette Notice, non-seulement par son mérite personnel et ses titres littéraires, mais aussi parce qu'il a été le père de Prosper de Barante, notre illustre confrère, et que son existence se trouve ainsi naturellement unie et mêlée à une partie de celle que je dois raconter.

Claude Brugière de Barante (c'est par ce prénom que nous

----

(1) On lui doit une traduction de la fable de Psyché dans l'Ane d'or d'Apulée ; un recueil d'épigrammes ; un travail fort apprécié par les érudits sur les fragments de Pétrone trouvés à Belgrade.

L'esprit de Claude-Ignace de Barante était proverbial en Auvergne, puisque de son vivant et même après sa mort, on disait : *Avoir de l'esprit comme Brugière.*

devons le distinguer), né en 1744, avait été élevé au collége des Oratoriens de Juilly, où il eut pour condisciples, pour amis, M. de Bonald, le célèbre philosophe, et le brillant comte de Narbonne, dont, avec un art exquis, M. Villemain a fait revivre la grâce et l'esprit dans ses Souvenirs contemporains (1). Comme son père et ses aïeux, il était allé compléter son éducation dans la société de Paris, si pleine alors de charmes et d'enseignements. Il était, en 1780, lieutenant au bailliage criminel de Riom, quand il fut marié à Mlle Tassin de Villepiond, fille du procureur du roi au présidial d'Orléans, intendant des finances du duc d'Orléans.

Cette union donna naissance à six enfants (2), dont Prosper de Barante était l'aîné.

Sa première éducation fut l'objet des soins les plus assidus et les plus touchants.

« Je ne peux, écrivait-il vers la fin de sa vie dans ses Sou-
» venirs intimes, je ne peux songer sans un attendrissement
» profond, sans une reconnaissance inexprimable, à ce que
» mes parents ont été pour moi, à ce que je dois à une ten-
» dresse et à des soins sans exemple. Du plus loin qu'il m'en
» souvienne, je me les rappelle occupés de moi et sans cesse
» et toujours dans l'idée de développer mon âme et mon es-
» prit, toujours avec une affection éclairée, raisonnable et
» prévoyante. »

(1) Claude de Barante était aussi lié d'une étroite amitié avec Adrien Duport, qui devait être un des membres les plus considérables de l'Assemblée constituante.

(2) Ces six enfants ont été :

1º. Amable-Guillaume-Prosper ;

2º. Adrienne Brugière de Barante, née en 1784 et morte en 1809 ;

3º. Claude-Ignace-Anselme, officier de cavalerie, blessé dans la campagne de 1807 ; plus tard, inspecteur-général des forêts de la couronne, receveur-général du Puy de-Dôme.

4º. Charles-Alexandre, né en 1788, officier de chasseurs, tué au passage de la Piave le 18 mai 1809 ;

5º. Amable, né en 1790, mort à l'Ecole militaire le 10 mars 1808 ;

6º. Sophie-Félicité Brugière de Barante, mariée à M. Anisson du Péron, ancien pair de France, décédé en septembre 1852.

On instruisait Prosper en l'amusant. Les premiers livres mis en ses mains avaient été composés par M. et Mme de Barante pour leur jeune famille. C'était une grammaire raisonnée extraite de Dumarsais, Duclos et Condillac ;.ce fut plus tard une géographie élémentaire précédée de dialogues écrits par la mère, géographie connue sous le nom de Mme de Barante, que plusieurs d'entre nous, et je suis de ce nombre, ont apprise et récitée dans leur enfance.

Très-avancé dans ses premières études, Prosper fut, avant l'âge de neuf ans, placé au collége d'Effiat qui était la principale école de la noblesse et de la haute bourgeoisie d'Auvergne.

Mais la révolution était commencée, je veux dire, déclarée ; car elle avait commencé de plus haut et de plus loin. Elle marchait à pas de géant, avec l'impétuosité française, dans la voie du bien, aussi dans la voie du mal, bientôt, hélas ! et de plus en plus dans celle du mal. Par sa nature et ses aspirations généreuses, par ses profondes études de droit public, Claude de Barante était un homme ou, comme on disait alors, un patriote de 89. Il avait appelé de ses vœux les réformes nécessaires et raisonnables inscrites dans les cahiers des Etats généraux, les conquêtes libérales, les principes de justice, d'humanité, d'égalité civile, qui porteront éternellement la date de cette mémorable époque. Mais il ne voulait ni la désorganisation des pouvoirs, ni le renversement de la monarchie, ni les chimères plus ou moins séduisantes qui, en révolution, enfantent promptement les désastres et les crimes.

Après la suppression des parlements et des cours de justice, quand il eut été fait table rase des vieilles institutions judiciaires, naguères si respectées et si chères à la nation, l'ancien magistrat, à peine âgé de trente-huit ans, se retira avec sa famille, déjà nombreuse, dans le manoir de ses pères. Prosper ne tarda pas aussi à revenir d'Effiat à Barante. L'ingrate République française allait fermer l'école qui avait cependant donné à ses armées un de leurs plus vaillants capitaines, un héros antique, notre grand et immortel Désaix !

Bientôt les massacres de septembre, le procès du roi et le

supplice du **21** janvier, les proscriptions et les échafauds, la mort de la reine, glaçaient d'horreur les habitants de Barante comme toutes les âmes honnêtes et tous les bons citoyens.

Un jour, c'était au mois de mars **1794**, une troupe de sbires entoura le château ; Claude de Barante fut arrêté comme suspect et jeté dans les prisons de Thiers, où se trouvaient les hommes les plus honorables et les plus distingués du pays.

Mme de Barante, quoique souffrante et affaiblie par une couche récente, se rendit aussitôt à Paris, sollicitant la mise en liberté de son mari, qui ne lui fut accordée que par un hasard providentiel, après de longs et persévérants efforts. Pendant l'absence prolongée de la courageuse épouse, Prosper devenu, à l'âge de douze ans, le chef de la famille et de la maison, allait chaque jour à Thiers porter à son père des consolations et des secours. Là, autour de la prison, il entendait les vociférations révolutionnaires et ce chant sinistre qui n'était jamais sorti de sa mémoire :

> Il faut du sang, il faut du sang
> Pour affermir la république.

Claude de Barante avait été rendu à sa famille. Mais toute mise en liberté était alors bien précaire ; une nouvelle arrestation était possible. On l'annonçait comme imminente quand éclata le mouvement de thermidor. La terreur et les principaux terroristes tombaient enfin sous leurs exécrables forfaits. Les honnêtes gens pouvaient respirer et compter sur un lendemain. Chacun se reprenait à la vie et à ses espérances, aux projets d'avenir. M. et Mme de Barante étaient aussitôt revenus à leur plus chère préoccupation, qui était l'éducation de leurs enfants.

Prosper fut placé dans une des meilleures institutions de Paris où il remportait tous les prix. Puis on le destina à l'Ecole polytechnique, déjà fort en vogue à cette époque, et qui compta, à ses débuts, parmi ses élèves, tant de noms devenus illustres. Il ne réussit pas dans un premier examen :

mais, l'année suivante, après avoir reçu les leçons d'un jeune répétiteur, bien obscur alors, qui devait être un jour l'un des plus grands mathématiciens de son temps, du célèbre Poinsot, il sortit victorieux d'une seconde épreuve. Quarante ans plus tard, l'élève et le maître se retrouvaient collègues sur les bancs de la pairie de la monarchie de 1830.

Prosper de Barante venait de prouver qu'il avait, comme un autre, plus que beaucoup d'autres, l'intelligence des mathématiques ; mais il n'en avait pas l'amour qu'on ne se donne pas à volonté. Ce qu'il aimait avec passion, c'étaient les livres d'histoire, de littérature, de philosophie ; les longues lectures dans sa chambre solitaire ; les conversations spirituelles de la société de Paris, qui commençait à renaître avec tous les charmes de la délivrance. Déjà même, dans ce jeune homme ou cet adolescent de dix-sept ans, mûri par les dures épreuves que nous venons de raconter, se manifestaient une disposition de caractère, un trait distinctif que nous retrouverons en lui jusqu'à son dernier jour : le goût de l'observation et de la réflexion politiques.

Les événements qui se succédaient avec rapidité lui en avaient déjà donné et devaient lui en offrir prochainement d'amples sujets.

Quand il avait été conduit pour la première fois à Paris par son père, il y était arrivé la veille du treize vendémiaire. Il avait entendu le canon qui, sous les ordres du lieutenant de Barras, faisait si rude justice de l'émeute soulevée contre la Convention.

Plus tard, il avait vu et compris le dix-huit fructidor, ce retour momentané aux violences et aux proscriptions révolutionnaires, ce coup d'État fait pour sauver la République, en attendant celui qui devait bientôt la renverser.

Enfin, comme il allait en vacances à Barante, après sa première année d'École polytechnique, par notre vieille route du Nivernais, il rencontrait à Briare le général Bonaparte, revenu d'Egypte bien irrégulièrement, puisque c'était sans congé du ministre de la guerre, marchant à ses merveilleuses destinées, plein des vastes pensées qui méditaient le Consulat et peut-être déjà l'Empire.

Prosper de Barante, qui le voyait pour la première fois, fut frappé de sa belle mais étrange figure, de l'éclat profond de son regard, du caractère résolu, impérieux de sa physionomie. Le voyage du général n'était d'ailleurs qu'une longue ovation continuée et répétée à chaque relai de poste. Tous les yeux étaient fixés sur le jeune héros; toutes les espérances d'ordre, de restauration sociale, d'établissement d'un gouvernement régulier, reposaient sur sa tête et sur son épée. Ainsi fut fait le dix-huit brumaire. Le consulat était institué avec la prépondérance vraiment monarchique du premier consul. Le nouveau Gouvernement déclarait avec une singulière assurance, dans sa première proclamation, que la révolution française était finie; et de la terrible République de la Convention qui avait fait trembler le monde, de la République adoucie, mais énervée et méprisée du Directoire, il ne restait qu'une vaine étiquette qu'une nouvelle transformation du pouvoir devait rapidement effacer. La France se livrait au plus grand ou au plus prodigieux des hommes, mais à un seul homme.

II.

L'institution des préfectures substituées aux administrations collectives et en grande partie renouvelées des anciennes intendances provinciales, devait être pour le nouveau régime un puissant moyen d'action politique et de pacification sociale. Le premier consul apporta le plus grand soin au choix de ses préfets, et il y eut un succès qui n'a pas été dépassé ni peut-être égalé depuis cette première création. Il avait à la vérité l'heureuse fortune qui n'est échue à aucun autre gouvernement, de pouvoir les choisir dans tous les rangs des classes intelligentes, dans les antécédents les plus divers, parmi les anciens constituants et les anciens conventionnels comme parmi les membres des anciennes cours de justice. Le travail des nominations de ces hauts fonctionnaires fut préparé par le troisième consul Lebrun, esprit sage et conciliant, qui désigna (1) Claude de Barante et le fit appeler à la préfecture de l'Aude.

L'ancien magistrat de Riom avait pris goût à ses nouvelles fonctions et les remplissait avec une grande distinction. Il étudiait à fond les intérêts de son département, et en publiait, ce qui était rare alors, une statistique excellente. Il avait conquis toutes les sympathies, et son nom est resté vénéré dans ce pays comme les noms des Sugny et des Ramond le sont encore et le seront longtemps dans le nôtre.

Prosper de Barante avait décidément renoncé à la carrière scientifique et à l'avenir d'ingénieur des mines qu'on avait d'abord rêvé pour lui. Il continuait à Paris, avec une nouvelle ardeur, ses études littéraires ; il y visitait les amis de son père, le comte de Narbonne, ce type achevé de l'élégance et de l'esprit français, surtout M. de Montlosier dont la verve gauloise et la grande érudition historique l'instruisaient aussi en l'amusant. Chaque année, il allait à Carcassonne auprès de ses parents, et c'étaient pour eux comme pour lui des jours de bonheur. Il y fut tristement rappelé par une maladie et la mort de sa mère. Epouse et mère admirable, âme de la famille, Mme de Barante y laissait un vide que rien ne pouvait combler.

Quelque temps après, Prosper entra dans la carrière administrative, mais par le plus modeste des commencements, comme simple attaché au ministère de l'intérieur. Presqu'à la même époque, son père était promu par l'Empereur lui-même à la préfecture du Léman.

C'était en 1804 ; la ville de Genève que la famille de Barante allait habiter, n'avait pas pu, quoi qu'on eût fait, être réduite au rang de simple chef-lieu d'un département français. Elle avait conservé les habitudes, le mouvement d'idées, la société d'une capitale d'Etat. Cette société tirait un lustre particulier de la présence ou du voisinage de M. Necker et de sa

(1) Ce fut M. Creuzé de Lesser, alors secrétaire du Consul, qui appela son attention sur M. de Barante qu'il avait connu par des relations littéraires.

fille, Mme de Staël, tous les deux retirés à Coppet, dans le canton de Vaud, mais ayant aussi une maison à Genève.

L'âge, les vertus, les services, les grandes vicissitudes d'existence de M. Necker, inspiraient un profond respect. C'était le vieillard le plus aimable, le plus indulgent, le plus riche d'expérience et de souvenirs. Où trouver surtout une conversation plus spirituelle, plus animée, plus éloquente que celle de l'auteur de Corianne et de tant d'admirables écrits? Il n'y avait pas un voyageur distingué qui ne se détournât de sa route pour leur être présenté. Entr'autres amis dévoués et fervents admirateurs, ils avaient fréquemment auprès d'eux Mathieu de Montmorency et Benjamin Constant. C'était assurément par l'esprit, en ce moment, la première société de l'Europe. Elle reçut le nouveau préfet avec une politesse cordiale et de bon goût. M. de Barante fut bientôt autorisé à lui présenter son ami, M. de Montlosier, et son fils, le jeune attaché au ministère de l'intérieur, qui étaient venus le visiter. Prosper fut charmé de l'esprit, de la grâce, des moyens d'instruction, de toutes les satisfactions littéraires qu'il trouvait ainsi loin de Paris et plus encore qu'à Paris. Mme de Staël fut aussi frappée de la distinction de ses manières et de son langage, de l'élévation de ses sentiments, de son goût passionné pour l'étude, et elle lui prédit dans les lettres l'avenir qu'il n'a pas manqué de réaliser. Il devint l'hôte ou le visiteur assidu de Coppet dans les temps de congé qu'il passait à Genève, et on comprend tout ce qu'avec ses heureuses facultés, il devait gagner à cette grande école littéraire et politique; car elle était aussi politique.

Mme de Staël, M. Necker, les amis qui les entouraient, avaient conservé le culte des idées libérales qui ne pouvait s'accorder ni avec l'état de guerre permanent, ni avec le régime non moins absolu à l'intérieur, du gouvernement impépérial.

Que Prosper de Barante partageât les idées qui étaient dans les traditions de sa famille et vivaient au cœur de son digne père, on le comprend sans peine. Les expériences que lui réservait la vie publique, les spectacles et les sujets d'observation qu'elle allait lui donner, n'étaient certainement pas de nature à lui inspirer d'autres sentiments.

De retour à Paris, il avait été compris dans les premières nominations d'auditeurs au conseil d'Etat. Il assistait en cette qualité aux grandes séances présidées, avec la supériorité du génie, par le vainqueur d'Austerlitz, déjà presque le maître du monde. Il jouissait beaucoup de cette position, mais sans en être ébloui et surtout sans négliger la littérature ; car, en 1805, il publiait les lettres de Mlle Aïssé avec une remarquable notice, et à propos d'une tragédie d'Henri IV, il engageait avec Geoffroy, le célèbre critique ou plutôt l'aristarque du journal des Débats, une vive polémique sur l'observation de la vérité historique dans les drames dont le sujet est emprunté à l'histoire. L'article écrit par Prosper de Barante et qui ne portait pas sa signature, eut un tel succès qu'il fut attribué à l'abbé Morellet. Le très-jeune auteur (il n'avait pas 23 ans) fut amené, dans l'ardeur des répliques, à déclarer sa paternité qui lui fit grand honneur dans le monde des lettres.

Entre autres attributions, les auditeurs au conseil d'Etat du premier Empire étaient employés à l'administration des pays conquis, et il y avait alors tant de conquêtes ! Prosper de Barante fut envoyé d'abord en Espagne, puis en Pologne et en Allemagne. Accompagné de son collègue et ami Mounier, fils du célèbre constituant, il fit un long séjour à Breslau en Silésie ; il y retrouva son frère Anselme, revenant blessé de la bataille dEylau. C'est là qu'il apprit à fond la langue de Schiller dont il a traduit les œuvres dramatiques avec autant d'élégance que de fidélité. La vue des champs de bataille même les plus glorieux pour nos armes, les dévastations et les maux de tout genre qu'entraîne la guerre, le régime dictatorial et tyrannique qu'elle impose aux vaincus et même aux vainqueurs, avaient produit sur son esprit une impression de dégoût et d'horreur, qu'il manifestait dans ses correspondances privées et dont l'énergique expression se retrouve dans ses notes intimes. Il

se disposait à rentrer en France, quand il reçut l'avis officiel
de sa nomination à la sous-préfecture de Bressuire. Il la con-
sidéra comme une disgrâce, et n'hésita pas à l'attribuer à
quelque dénonciation ou révélation des sentiments que lui ins-
pira la guerre.

Bressuire doit être aujourd'hui, je le suppose, une petite
ville comme nous en connaissons beaucoup, dans les proportions ordinaires de nos chefs-lieux d'arrondissement. Les sta-
tistiques actuelles lui donnent trois mille âmes de population.
Elle n'en avait alors que cinq cents. C'était une sorte de grand
village démantelé et ruiné par la guerre civile. On y arrivait
avec beaucoup de difficulté et par des chemins de traverse
défoncés. Les juges du tribunal se dispensaient eux-mêmes d'y
résider. Ils habitaient leurs maisons des champs, et venaient
à l'audience à cheval comme de vrais campagnards.

Tel était le séjour vers lequel, à la fin de l'année 1807,
s'acheminait tristement le jeune et brillant auditeur en passant
par Poitiers et en saluant au passage l'évêque du diocèse qui
était alors notre compatriote, le célèbre et spirituel abbé de
Pradt, déjà aumônier de Napoléon Ier, ou comme il l'avait
dit si malicieusement, du dieu Mars.

Les fonctions de sous-préfet sont plus ou moins laborieuses,
suivant les temps et les lieux. Elles l'étaient bien peu partout
il y a soixante ans, quand la bureaucratie était encore dans
son enfance. Le nouveau sous-préfet de Bressuire avait donc
beaucoup de loisirs, je veux dire beaucoup de temps à consacrer à ses chères études littéraires. Ce fut alors qu'il mit la
dernière main à un travail important entrepris depuis quelques
années, au *Tableau de notre littérature pendant le* xviiie *siècle.*
Le sujet avait été mis au concours par l'Académie française,
mais dans les conditions restreintes d'une pure critique littéraire. Le cadre s'agrandit sous les méditations du jeune écrivain. A ses yeux, la littérature du xviiie siècle avait été le
symptôme bien plus que la cause réelle de la marche des idées
qui devaient aboutir à la Révolution française. Ces idées étaient
nées du travail des siècles, de la constitution intérieure du pays,

des fautes, excès ou faiblesses, du pouvoir absolu. Les écrits du xviii⁰ siècle, tant loués, tant blâmés, ne méritaient ni tout le blâme qu'on leur avait infligé, ni les éloges enthousiastes qui leur étaient prodigués.

Ainsi posée, dans des termes un peu absolus peut-être quoiqu'ayant une forte part de vérité, la thèse de l'auteur était, en 1807, singulièrement neuve et hardie. Elle tranchait avec les sentiments de servile admiration et de soumission sans réserve que le xviii⁰ siècle avait encore alors le privilége d'inspirer.

Venaient ensuite, avec les développements les plus heureux, des portraits littéraires dessinés de main de maître; des appréciations fort élevées du génie politique de Montesquieu, des brillantes et dangereuses chimères de Jean-Jacques Rousseau, du grand style de Buffon, et un jugement des plus équitables sur Voltaire qui, pour la première fois peut-être, n'était ni surfait ni rabaissé. Aussi, quelques années après, lorsque Prosper de Barante fut présenté à Napoléon Iᵉʳ, l'Empereur lui ayant dit : « C'est vous qui avez écrit contre Voltaire. — Non, Sire, répondit-il, sur Voltaire. — Oui, reprit l'Empereur, je sais que vous êtes impartial. »

Mᵐᵉ de Staël apprécia l'ouvrage de son jeune ami dans des termes que vous me permettrez de rappeler :

« Parmi les morceaux que nous avons remarqués, disait-
» elle, nous indiquerons particulièrement un passage sur
» l'origine de la poésie française, une peinture singulièrement
» spirituelle de la Fronde, des réflexions pleines de profon-
» deur sur le règne de Louis XIV, un jugement sur Bossuet,
» superbe encore au milieu de tout ce que Bossuet a inspiré.
» Nous aimons surtout à rappeler le morceau sur l'Assemblée
» constituante, parce qu'il nous paraît avoir déjà toute l'im-
» partialité de l'histoire. L'auteur semble n'avoir rien à faire
» avec aucun préjugé de parti. »

Tout cela, Messieurs, était l'œuvre d'un sous-préfet de vingt-cinq ans à peine. Elle s'éloignait trop du programme de l'Académie française, en le dépassant, pour en obtenir les couronnes. Publiée en 1808, elle eut un succès attesté par de

nombreuses éditions, et le *Tableau littéraire du* xviiie *siècle*
a pris place parmi nos meilleurs livres classiques.

Le pays que Prosper de Barante était chargé d'administrer
lui offrit aussi un sujet de composition historique et l'occasion
d'un de ses plus grands succès littéraires.

L'arrondissement de Bressuire, situé dans le Bas-Poitou,
qui forme le département des Deux-Sèvres, confine à la Vendée. Il fait partie de cette contrée particulière couverte de
plantations et de bois, qu'on appelait, qu'on appelle encore
le Bocage, où avait éclaté la grande insurrection vendéenne.
Partout en ces lieux, malgré la pacification générale et complète depuis plusieurs années, se retrouvaient encore vivantes
dans les choses et dans les hommes, les traces de la guerre
civile. C'était pour le sous-préfet un devoir d'étudier, de sur-
veiller cette situation ; c'était tout autant la disposition natu-
relle de son esprit observateur. Il eut bientôt la réputation
d'un administrateur juste, tolérant et sans préjugés. Il se sentait attiré par une vraie sympathie vers ces natures vendéennes,
simples, loyales, intrépides, et il disait hautement qu'il serait
hors de la justice et de la dignité d'en exiger autre chose que
l'obéissance aux lois établies. Ce noble et politique langage lui
avait concilié tous les cœurs et ramené bien des dissidents.

A quelque distance de Bressuire, au château de Clisson,
vivait la marquise de La Rochejacquelein, jeune encore, puisqu'elle n'avait guère que 35 ans, dont la vie ou la première
jeunesse avait été mêlée, de la façon la plus intime et la plus
dramatique, aux principaux événements de la guerre de la
Vendée. Fille du marquis de Donissan, gentilhomme du
comte de Provence (plus tard Louis XVIII), appartenant par
sa mère à la famille d'Urfort de Civrac, elle avait été présentée à la cour de Versailles et elle y avait été témoin de la fatale journée du six octobre 1789. Puis elle avait épousé en
premières noces son cousin, M. de Lescure, officier déjà distingué, qui devint le chef le plus considérable des armées
royalistes de l'ouest. Elle l'avait courageusement suivi dans ses
marches et contre-marches, dans cette guerre du Bocage si

2

féconde en émotions et en surprises, presque sur les champs de bataille. Elle était pleine de ces tristes et glorieux souvenirs quand elle rencontra Prosper de Barante, et dans la confiance qu'il sut bientôt lui inspirer, elle lui en faisait les plus intéressants récits.

Elle racontait comment la première insurrection avait été provoquée par l'impolitique constitution civile du clergé, par les persécutions dirigées contre les prêtres fidèles : comment le mouvement avait été donné par les paysans et non par la noblesse et le clergé qui n'avaient fait que le suivre. Elle citait la touchante parole de ce pauvre paysan vendéen à qui les gendarmes républicains disaient : *Rends-toi, ou tu es mort !* — et qui leur répondait : *Rendez-moi mon Dieu !* en expirant sous leurs coups. Elle faisait connaître les chefs de l'armée royaliste, si divers par l'origine et par le caractère : le garde-chasse Stoffler, le marchand colporteur Cathelineau, le marquis de Charette, Henri de La Rochejacquelein, mangeant le pain noir de ses paysans et leur disant : *Si j'avance, suivez-moi ; si je recule, tuez-moi ; si je meurs, vengez-moi !* — Elle ne dissimulait pas la part de faiblesse humaine, les jalousies, les rivalités, qui s'étaient glissées dans l'âme de ses héros. Elle reconnaissait que des cruautés avaient été commises, que la guerre n'avait pas toujours conservé du côté des Vendéens le caractère chevaleresque qui paraissait la distinguer d'abord. Elle disait encore comment, après la mort de M. de Lescure succombant à ses blessures, après la mort plus tragique d'Henri de La Rochejacquelein, elle avait, sous un déguisement de paysanne, erré pendant dix-huit mois de chaumière en chaumière, portant son pauvre enfant nouveau né qu'elle avait eu le malheur de perdre, échappant comme par miracle aux poursuites dont elle était l'objet avec son vieux père et sa mère. Plus tard, après un long veuvage, cédant aux instances de sa famille, elle s'était remariée à Louis de La Rochejacquelein, frère survivant d'Henri.

Ces récits charmaient Prosper de Barante. Mme de La Rochejacquelein racontait à merveille en conversation, comme les grandes dames de son temps, bien mieux qu'elle ne savait écrire. Elle avait cependant commencé à rédiger ses Souvenirs. Un jour, elle eut la bonne inspiration de remettre le manuscrit et les notes au jeune sous-préfet, en réclamant le concours de sa plume qui ne fut pas refusé. Ainsi furent écrits, à Bressuire, presque en pleine Vendée, par un enfant de l'Auvergne, avec l'intérêt et le charme du roman le plus animé et le plus touchant, les Mémoires de Mme de La Rochejacquelein, véritable histoire (car elle fut, sur d'autres informations, sérieusement contrôlée par l'auteur) de l'un des principaux épisodes de la Révolution française.

En 1809, l'Empereur passant à Niort, interrogea le sous-préfet de Bressuire sur l'état de la Vendée et les dispositions des Vendéens. Il faut croire qu'il fut satisfait de ses réponses ; car aussitôt après l'entretien, avec le tact particulier ou plutôt l'espèce de divination qui lui faisait découvrir et juger les hommes les plus capables de seconder ses desseins, il décidait que Prosper de Barante, déjà fort bien noté (1), serait très-prochainement nommé préfet, et le 24 février suivant, il lui confiait la préfecture de la Vendée.

Le fils et le père étaient donc collègues, tous les deux préfets de l'Empire., le fils à vingt-six ans, le père dans une situation plus importante, plus difficile, par cela même plus précaire. Vers la fin de l'année 1810, malgré ses excellents services, sans que rien l'y eût préparé, Claude de Barante était frappé de destitution. Ses ménagements envers Mme de Staë et les autres exilés, l'honnête résistance qu'il opposait au projet de suppression des franchises municipales de la ville de Genève, expliquaient, sans la justifier, cette rigoureuse mesure. Elle excita au plus haut degré le mécontentement de la population genévoise. Les regrets les plus honorables pour le préfet révoqué lui furent témoignés par l'illustre historien de Sis-

(1) Prosper de Barante et Mounier avaient été signalés à l'Empereur par le ministre Marel, duc de Bassano, comme les deux auditeurs les plus capables. Mounier fut, à cette même époque, attaché au cabinet impérial, tandis que son collègue devenait préfet.

mondi. Cette disgrâce imméritée faisait suite, hélas ! à de plus grands malheurs dans la famille de Claude de Barante , puisqu'en moins de deux ans , il venait de perdre trois de ses enfants, une fille aînée et deux fils , l'un d'eux , Charles de Barante , officier de cavalerie fort distingué , glorieusement et mortellement atteint au passage de la Piave.

Deux mois après sa révocation , Claude de Barante était présenté comme candidat au sénat par le collége électoral de la Vendée ; ce qui était alors la plus haute distinction élective. Elle était due aux sentiments de reconnaissance et de vive sympathie qu'inspirait à ce département l'administration de son jeune préfet. Indépendamment de la supériorité de son intelligence et de son esprit politique , Prosper avait toutes les qualités morales qui font aimer et honorer les préfets : la bienveillance , la modération , la justice , et cette dignité de caractère, ce profond sentiment du droit sans lesquels aucune haute fonction ne peut être convenablement remplie dans l'Etat.

L'année suivante fut une heureuse année pour lui , puisqu'elle fut celle de son mariage , et d'un mariage selon son cœur. Dans les fréquents voyages qu'il faisait à Paris , il rencontrait chez Mme de la Briche , belle-mère de M. le comte Molé , une de ses nièces élevée par ses soins , parée de tous les charmes de la jeunesse et d'une rare beauté , Mlle Césarine d'Houdetot. Vivement épris , il demanda et obtint sa main. Il s'alliait ainsi à l'une des plus anciennes et des plus nobles familles de Normandie (1). Le mariage fut célébré le 28 novembre 1811 : jour heureux aussi pour les pauvres et les affligés des campagnes de Thiers, à qui cette union donnait comme une seconde Providence, un ange de bonté et d'inépuisable charité !

Les jeunes époux s'établirent à Napoléon-Vendée dans toutes les joies de leur nouvel état, bientôt troublées par la fatale issue de la campagne de Russie. Il n'y avait pas de bonheur conjugal qui pût soustraire un bon citoyen et un esprit clair-

____

(1) La famille d'Houdetot est du très-petit nombre de celles dont les services et la noblesse remontent à Guillaume-le-Conquérant.

voyant, surtout un préfet, à cette grave et triste préoccupation.

Le 13 mai 1813, le préfet de la Vendée, par un avancement qu'il n'avait ni sollicité, ni désiré, sans exemple à son âge, était promu à l'importante préfecture de la Loire-Inférieure. Centre et capitale des départements de l'Ouest, Nantes était un poste difficile en lui-même et dont les difficultés pouvaient beaucoup s'accroître sous l'influence d'événements que l'on commençait à ne plus considérer comme impossibles.

Prosper de Barante ayant administré un département voisin et déjà en excellent renom dans toutes ces contrées, y reçut le plus sympathique accueil. Mais tous les regards étaient alors fixés sur la lutte gigantesque qui, imprudemment engagée et conduite dans les steppes de la Russie, se trouvait transportée sur le territoire germanique ; lutte dont l'inégalité augmentait chaque jour par quelque nouvelle défection des alliés d'abord groupés autour de nos drapeaux. La journée de Leipsig amenait l'étranger sur les bords du Rhin et lui ouvrait les portes de la France. On comprend combien, dans de telles conjonctures, la position des préfets devenait critique et pénible. Je lis dans les notes de M. de Barante que tout son temps se passait en conseils de révision. Dans l'extrémité à laquelle on était réduit, il fallait en conscriptions anticipées, en rappel de classes libérées, des hommes, encore des hommes, six cent mille, suivant un dernier sénatus-consulte ; et il n'y en eut pas assez pour défendre le sol de la patrie. Les prodiges de valeur de nos soldats improvisés, le merveilleux génie de l'Empereur qui ne fut jamais plus grand, ne pouvaient pas résister à cette puissance supérieure qui s'appelle la force des choses. Paris était livré aux armées étrangères, et Paris, c'était déjà la France !

« A Nantes, dit M. de Barante, nous passâmes une
» semaine sans aucune nouvelle, sans savoir ce que nous
» devenions. Des voyageurs nous apprirent d'abord le réta-
» blissement des Bourbons. Puis arrivaient des dépêches du
» nouveau Gouvernement, tandis que nous recevions aussi des
» dépêches du ministère impérial qui siégeait encore à Blois
» près de l'impératrice. »

Dans ces cruels moments, Prosper avait auprès de lui son père qui était venu le visiter. Leurs appréhensions étaient vives et douloureuses. Ils ne se faisaient, ni l'un ni l'autre, aucune illusion sur les difficultés qu'allait rencontrer la Restauration dans un pays bouleversé par la révolution et l'exaltation de l'esprit militaire survivant à la défaite. Mais ils se ralliaient à ce gouvernement comme au seul possible, parce que seul il pouvait donner la paix. Ils acceptaient surtout la monarchie selon la Charte, c'est-à-dire la vieille royauté acceptant elle-même le droit public et les principes de 89 dans tout ce qu'ils avaient d'essentiel, l'égalité et la liberté civiles, le contrôle et la limitation du pouvoir royal par les assemblées délibérantes, par-dessus tout la responsabilité ministérielle qui était à leurs yeux et dans les traditions de l'école libérale même la plus modérée, le fondement de toute liberté politique.

Prosper de Barante continua ses fonctions de préfet, tandis que son père reprenait la route d'Auvergne avec sa jeune fille Sophie, seule et fidèle compagne de sa retraite. A peine arrivé à Barante, il fut pris d'une fièvre violente à laquelle il succomba en peu de jours, lorsqu'il venait d'accomplir sa 58e année, laissant à sa famille, à son pays, aux deux départements qu'il avait si dignement et si sagement administrés, une mémoire entourée des plus justes respects (1).

III.

Le temps qui s'écoulait n'apportait au Gouvernement royal, au milieu de tant de passions et d'intérêts divers, ni force réelle, ni stabilité. Le prodigieux retour de l'île d'Elbe le

(1) Indépendamment des livres d'éducation, *Introduction à l'étude des langues*, *Eléments de géographie*, composés pour ses enfants, et de la *Statistique du département de l'Aude*, dont nous avons eu occasion de parler, Claude de Barante avait écrit un *Examen du principe fondamental des Maximes de La Rochefoucault*, placé en tête d'une édition des Maximes, et un grand nombre d'articles philosophiques, historiques ou littéraires, insérés dans le journal *l'Historien*, dans *la Décade philosophique* et dans la Biographie des frères Michaud.

renversa avec une effrayante rapidité. La plupart des préfets d'alors incapables, il faut le reconnaître, de trahir le Gouvernement existant, ne l'étaient pas moins, suivant l'observation d'un éminent historien, de ne pas se rallier au Gouvernement qui venait le remplacer et qu'ils avaient précédemment servi. Tout autre fut la conduite de M. de Barante. A la nouvelle du vingt mars triomphant, après avoir assuré le maintien de l'ordre à Nantes et dans le département, il crut devoir résigner ses hautes fonctions. Il se retira modestement à Barante, observant les événements, sans regret de sa résolution et de sa position perdue, mais dans une vive et patriotique appréhension des maux qui allaient fondre sur la France. Ces maux partout menaçants, c'étaient la coalition européenne plus fortement renouée que jamais contre nous au moment où elle allait se dissoudre ; la guerre générale de toutes les puissances contre une seule, guerre inévitable, à soutenir dans des conditions impossibles même à la valeur française et au génie de Napoléon ; la défaite non sans gloire et sans un touchant éclat pour nos armes, mais suivie d'une seconde et durable invasion. Cent Jours et Waterloo suffirent, hélas ! à la réalisation de ces tristes prévisions.

La seconde Restauration s'accomplit confessant les fautes de la première, mais ne pouvant plus prononcer les mots : *union* et *oubli*, irritée, blessée dans ses plus intimes sentiments, dans ses plus chers souvenirs, et bientôt livrée aux excès de ses plus imprudents amis. Encore chercha-t-elle à leur résister en appelant aux affaires les amis de la liberté qui n'avaient pas participé au Gouvernement des Cent-Jours. C'est à ce titre que M. de Barante fut, le 15 juillet 1815, nommé conseiller d'Etat et secrétaire général du ministère de l'intérieur. Aux élections qui suivirent et où l'abaissement momentané de l'âge d'éligibilité lui permit de se présenter, il eut les honneurs d'une double nomination dans le Puy-de-Dôme, dans la Loire-Inférieure, et il opta pour son pays natal. Il arriva ce qui arrive malheureusement en France en de telles circonstances, quand le pays est subitement jeté dans un courant nouveau. Le

mouvement électoral ne fut qu'un mouvement de réaction violente, dépassant de beaucoup les espérances du Gouvernement
du roi, méconnaissant ses véritables intentions, écartant souvent
les candidats, alors présidents des colléges électoraux, qu'il
avait présentés, et produisant ainsi cette chambre de 1815
qui est restée dans notre histoire moderne, honorée par les
uns, flétrie par les autres, du titre de *Chambre introuvable.*
Comme toute assemblée parlementaire (car elle fut d'ailleurs
très-parlementaire, revendiquant ou maintenant avec une
louable fermeté toutes ses prérogatives), elle avait sa majorité
et sa minorité ; l'une plus royaliste que le roi, l'autre franchement et courageusement libérale avec des chefs tels que
Royer-Collard, de Serre et Pasquier.

Quels noms je viens, Messieurs, de prononcer ! Royer-Collard, l'orateur-philosophe, le puissant dialecticien, élevant
toutes les questions à des hauteurs inconnues ! de Serre, l'orateur inspiré, l'ardent improvisateur, ayant les nobles passions,
la flamme et l'éclat de la véritable éloquence ! Pasquier, l'orateur insinuant et disert, pratique et varié, si sage et si sûr
esprit, sortant alors du ministère où il devait bientôt rentrer !

M. de Barante prit place à leurs côtés, et une place considérable par le conseil et l'action comme par la parole. — Le
22 novembre 1815, il défendait, dans un remarquable discours, contre MM. Hyde de Neuville et de Bonald, le principe, imprudemment remis en question, de l'inamovibilité de
la magistrature. Il combattait vaillamment les propositions
réactionnaires qui marquèrent cette triste époque. —- Appelé
aux importantes fonctions de directeur général des contributions indirectes, il présenta l'exposé des motifs du projet lé-
gislatif qui, sous la date du 28 avril 1816, est devenu la loi
organique de cette administration. Commissaire du roi, il prit
une part active et brillante à la discussion du budget, encore
plus politique que financière, qui termina l'unique session de
la chambre de 1815.

Cette chambre fut dissoute par la célèbre ordonnance du
5 septembre. Un souverain s'était rencontré d'assez de sagesse

et d'intelligence pour comprendre que la bonne politique et l'intérêt du pays commandaient de modérer le zèle d'honnêtes mais trop ardents amis. L'auguste auteur de la Charte affirma résolûment son œuvre comme la base du droit public français, comme la garantie du repos général, et il déclara la ferme intention de la maintenir dans toutes ses dispositions. Le texte de la Charte ayant fixé à quarante ans l'âge d'éligibilité, M. de Barante, qui ne remplissait pas cette condition, ne put pas être réélu et cessa de siéger comme député à la chambre élective. Il conservait d'ailleurs les hautes fonctions dont il était investi, et il était fréquemment associé, comme commissaire du roi, aux discussions des assemblées législatives. On sait quel fut, dans les années qui suivirent l'ordonnance du 5 septembre, l'importance de ces discussions, quel profond et légitime intérêt elles excitaient dans le pays.

Le premier projet présenté fut celui de la loi électorale. Il avait été préparé par une commission où siégeait M. de Barante avec MM. Royer-Collard, Molé, Guizot et Mounier. Inspiré par M. Royer-Collard, il envisageait l'électorat non comme un droit absolu, mais comme une fonction politique qui devait être exercée dans les conditions déterminées par la Charte. Il conférait, par une simple application du texte constitutionnel, le pouvoir d'élire à tout Français payant trois cents francs de contributions directes et âgé de trente ans. Mais il instituait l'élection, la circonscription électorale, par département et non par arrondissement ; ce qui obligeait au scrutin de liste, le moins exact et le moins sincère des scrutins. Cette dernière disposition avait été fort combattue par M. de Barante au sein de la commission. — En réalité, le but manifeste du projet, du nouveau système, était de constituer la prépondérance des classes moyennes, d'affaiblir les influences qui avaient prévalu dans la chambre de 1815. Si restreint qu'il puisse paraître aujourd'hui avec nos habitudes nouvelles de suffrage universel, il ralliait alors tout ce qu'il y avait d'esprits libéraux dans les chambres et dans la presse, tandis qu'il rencontrait sur les bancs et dans les journaux de la droite royaliste, une vive et très-naturelle opposition. Il devint la loi du 5 février 1817, date mémorable dans l'histoire de nos institutions !

L'année suivante, l'illustre maréchal Gouvion Saint-Cyr, doué du génie organisateur qui en a fait un si grand ministre de la guerre, présentait aux chambres le projet de loi de recrutement et d'organisation militaires. Il réclama l'assistance de M. de Barante qui lui fut adjoint comme commissaire du roi et représenta l'élément civil dans la préparation et la discussion de cet important projet. Alors, comme aujourd'hui, mais dans des circonstances et des proportions fort différentes, il s'agissait d'organiser l'armée active et sa réserve.

On agitait aussi une autre question qui, dans nos idées actuelles et avec l'expérience acquise, paraîtrait bien étrange. On se demandait si le roi, ayant le commandement en chef de l'armée, pourrait, sans conditions légales, nommer à tous les grades, improviser des capitaines, des colonels, des généraux, ainsi que cela était quelquefois arrivé, ou si l'exercice de la prérogative royale serait limitée par des règles d'avancement hiérarchique et d'ancienneté? Les royalistes exaltés repoussaient la limitation avec une incroyable vivacité.

Toutes ces questions résolues par le projet de loi, du consentement du sage roi Louis XVIII, dans le sens le plus conforme à la bonne politique et à la bonne justice, à l'honneur et à la dignité de l'armée, furent traitées et approfondies par M. de Barante, dans un discours prononcé à la séance du 20 janvier 1818, qui est resté comme le plus lucide et le plus complet commentaire de cette législation. Le 3 février suivant, il défendait avec un égal succès, contre le général Dupont, les dispositions relatives à la constitution de la réserve. C'est ainsi que le nom de notre compatriote, associé à celui de Gouvion Saint-Cyr dans l'acte le plus considérable de son glorieux ministère, reste attaché à cette *charte* de l'armée, comme on disait alors, qui a posé les principes essentiels sur lesquels ont roulé et roulent encore à cette heure toutes les discussions de nos lois militaires.

Quelques mois après ces intéressants débats, le noble représentant de la France au congrès d'Aix-la-Chapelle, le duc de Richelieu, obtenait la libération du territoire français deux ans avant le terme fixé par les traités de 1815, et les cent cinquante mille étrangers qui devaient jusqu'en 1820 occuper nos places fortes du nord, repassaient la frontière.

La session de 1819 donna naissance à la législation sur la presse qui porte la date de cette même année ; législation fortement conçue et nettement formulée, à la fois libérale et juridique, objet de tant de critiques pour les uns, de tant d'admiration et de regrets pour les autres.

Préparée sous l'inspiration de Royer-Collard, présentée et défendue par l'éloquent garde des sceaux de Serre, par MM. Cuvier et Guizot, commissaires du roi, par des rapporteurs tels que MM. de Broglie et de Courvoisier, elle était presque entièrement l'œuvre du groupe doctrinaire auquel M. de Barante appartenait par le fond plus que par la forme de ses idées. Nuance particulière du parti libéral plus monarchique et surtout plus dynastique que l'ensemble du parti, ce groupe se composait d'un petit nombre d'esprits vraiment supérieurs, de généralisateurs puissants, un peu absolus peut-être, c'est le reproche qui leur était adressé, dans certaines déductions ou même dans certaines idées préconçues, mais tous animés des plus généreux sentiments et profondément dévoués à la liberté.

Ainsi, Messieurs, dans les trois années qui s'étaient écoulées depuis l'ordonnance du cinq septembre, la Restauration avait eu le mérite et l'honneur de faire, avec la loi nationale du recrutement et de l'organisation de l'armée, les deux lois essentielles de tout Gouvernement représentatif, la loi des élections et celle de la presse. Ce furent ses meilleures et ses plus belles années. Les hommes les plus éminents par le caractère et le désintéressement personnel, comme le duc de Richelieu, M. Lainé et le général Dessoles ; par le talent, l'expérience et les services rendus, comme de Serre, le baron Louis, M. Decazes, M. Pasquier, le comte Molé, Gouvier Saint-Cyr et Portal, étaient ensemble ou se succédaient au pouvoir avec des auxiliaires tels que M. de Barante, M. Guizot, M. Mounier, M. Villemain, M. Portalis, M. Becquey. On aime à se reporter par le souvenir ou par l'histoire à ces jours d'espérance, de confiance, de liberté légale, d'administration régulière et bienveillante, d'ordre sévère et d'économie dans les finances, de sages et féconds progrès où la nation se sentait revivre par le mouvement des esprits, par la libre expansion des idées, par l'incomparable éclat de la tribune nationale, par l'étonnement et l'admiration que cette prompte et merveilleuse résurrection excitait partout dans le monde, dans les conseils de l'Europe et parmi les peuples rivaux.

Malheureusement, pour les nations comme pour les individus, les belles années ne sont pas les plus nombreuses. Tout âge heureux s'écoule avec rapidité. L'abus de la liberté est près de l'usage, et la liberté ne serait plus elle-même si elle ne comportait pas certaines déviations, certains écarts qu'un Gouvernement bien inspiré doit envisager sans effroi, sauf à les combattre ou à les réprimer avec courage. Une première application de la loi des élections au renouvellement partiel de la chambre des députés qui se faisait alors par cinquième, avait amené quelques choix qui, considérés comme hostiles à la monarchie, avaient effrayé ses amis les plus ombrageux. La chambre des pairs poussa un cri d'alarme. Sur la proposition d'un ancien membre du Directoire exécutif déporté en fructidor et depuis sénateur du premier Empire, le marquis de Barthélemy, elle demanda des modifications à la loi électorale dans le sens réputé monarchique. Le roi et ses ministres répondirent à cette démarche par une promotion de soixante nouveaux pairs, dans laquelle M. de Barante se trouva compris. Bientôt le second renouvellement électoral vint aggraver la situation par certaines nominations, surtout par celle du célèbre abbé Grégoire, ancien conventionnel et aussi ancien sénateur, considéré comme régicide parce qu'il avait approuvé, par une déclaration publique, la condamnation du roi Louis XVI ; bien qu'à raison de circonstances particulières, il n'y eût pas concouru par son vote. Il fallait donc aviser sans vaine réaction, mais sans retard et sans faiblesse. Le ministère, après de vives discussions intérieures et une modification dans sa composition qui fit sortir du pouvoir trois de ses membres les plus dévoués aux idées libérales, se décida à proposer quelques changements à la loi électorale, dont le plus important consistait à substituer l'élection par arrondissement et par scrutin individuel à l'élection par département et par scrutin de liste. Rien n'était plus conforme, nous l'avons déjà dit, aux opinions de M. de Barante qui avait toujours pensé que ce dernier système ouvrait une carrière trop large, d'une trop facile exploitation, aux passions révolutionnaires et à l'esprit de parti. La chambre des députés était déjà saisie du nouveau projet de loi, lorsque l'horrible assassinat de M. le duc de Berry vint donner un autre cours aux événements. Le crime était parfaitement solitaire, sans aucune sorte de complicité. Un fanatisme sombre et farouche avait seul armé le bras de l'assassin. L'attentat n'en fut pas moins considéré comme un symptôme d'état révolutionnaire et d'imminent danger. De graves mesures, la suspension de la liberté individuelle, le rétablissement de la censure, furent proposées aux chambres et votées d'urgence. M. De Cazes, le ministre aimé du roi, était tombé ou plutôt descendu avec dignité du pouvoir sous les coups répétés d'une réaction injuste et passionnée. Ses collègues restaient aux affaires sous la présidence du duc de Richelieu. Le plus éloquent, de Serre, âme grande par le courage et le désintéressement, mais avec la nature ardente et souvent mobile des orateurs, de Serre s'associa pour un temps (pour un temps qu'il ne tarda pas à regretter) au mouvement réactionnaire qui le séparait de ses plus tendres amis, de Royer-Collard, du groupe doctrinaire avec lequel il avait été en si parfaite et si constante communauté de principes et de conduite. Un jour, dans un de ces entretiens d'amitié qui survivaient à leurs dissentiments, il apprit à M. de Barante que son nom, les noms de MM. Royer-Collard, Camille Jordan et Guizot étaient éliminés du tableau du service ordinaire du conseil d'État. Il lui annonçait en même

temps sa nomination déjà signée à l'ambassade de Danemark.
M. de Barante remercia par un refus. A peine âgé de trente-
huit ans, père d'une famille déjà nombreuse, ayant pour toute
fortune le patrimoine de ses ancêtres qu'il n'avait pas accru dans
les emplois publics, il aima mieux briser sa carrière que de
transiger, même avec un ministre ami, sur ses convictions et sa
conscience. De son côté, M. Royer-Collard, par une lettre
admirable, refusait la pension que le roi lui avait fait offrir
avec le titre de conseiller d'Etat honoraire. Camille Jordan,
le courageux défenseur de la liberté religieuse au conseil des
Cinq-Cents, le proscrit de fructidor, se retirait dans sa modeste existence et consacrait ses derniers jours, ses forces ex-
pirantes, à la défense des libertés publiques. M. Guizot restait
avec sa chaire de Sorbonne et sa plume, mais avec toute son
indépendance et tout son honneur. Ces nobles sacrifices s'ac-
complissaient sans bruit, sans éclat, sans vain appel à la publicité, comme choses naturelles et dues à la conscience, au
respect de soi-même.

<h2 style="text-align:center">IV.</h2>

M. de Barante entrait donc dans l'opposition...... ai-je
besoin d'ajouter dans l'opposition la plus constitutionnelle,
la plus loyale, la plus respectueuse pour le Monarque et la
monarchie, telle qu'elle pouvait convenir à son caractère, à
la situation et aux devoirs de la pairie. Cette attitude était
celle d'un grand nombre de ses collègues à la chambre des
pairs. On sait avec quelle grave et intelligente fermeté la noble
assemblée défendit les droits de la liberté et les principes de la
société moderne ; comment, chambre aristocratique par l'hé-
rérédité, elle rejeta la loi dite, avec quelque exagération, du
droit d'aînesse (1). M. de Barante fut au premier rang des

(1) Le projet de loi attribuait à l'aîné des enfants, à titre de préciput, la
quotité disponible quand le père de famille n'en avait pas autrement disposé.
Mais le père pouvait toujours maintenir l'égalité entre ses enfants par un acte
formel.

défenseurs de ces grands intérêts. Il n'est pas une discussion importante à laquelle, après sa retraite des fonctions publiques, il n'ait pris une part considérable et souvent efficace.

A la séance du 24 juin 1820, il repoussait avec une rare vigueur l'introduction dans nos lois électorales du double vote basé sur l'élévation du cens.

Le 31 mars 1821, attaquant le projet de loi relatif à l'organisation des cours d'assises qui avait pour but de faire participer dans certains cas les magistrats de la cour au verdict du jury, il rappelait la belle définition de M. de Serre : « La » liberté, c'est la justice; » et il ajoutait : « cette définition » est grave et noble; en effet, chaque fois qu'on restreint une » liberté, regardez-y bien, c'est une justice qu'on refuse. »

En 1822, il défendait la législation libérale de la presse de 1819 contre les modifications réactionnaires et la loi de censure. Il s'unissait à Boissy d'Anglas, au grand citoyen du 1er prairial, pour combattre la disposition qui autorisait les Cours royales à supprimer les journaux. — On vit se produire dans la même discussion la théorie d'interprétation de l'art. 14 de la Charte qui devait être si funeste à la maison de Bourbon. D'honnêtes royalistes, bien malheureusement inspirés, soutenaient que le roi s'étant réservé par cet article le pouvoir de faire les ordonnances nécessaires à la sûreté de l'Etat, avait par cela même le droit d'établir la censure des journaux par ordonnance et sans loi. M. de Barante repoussa cette étrange et dangereuse prétention. Il ne dépendit pas de lui de dissiper la fatale équivoque, d'étouffer ce germe de mort de la vieille royauté vainement rajeunie par la charte avec une telle interprétation.

Tous les grands débats parlementaires de cette époque sur les adresses politiques de la chambre des pairs, sur le projet d'intervention en Espagne, sur la loi du sacrilége, sur l'indemnité des émigrés, sur la loi des successions, plus tard sur le principe de réélection des députés fonctionnaires, sur la loi qui consacra la permanence des listes électorales, le trouvèrent constamment sur la brèche, engagé par sa parole au service du droit et de la liberté.

M. le baron de Barante n'avait cependant pas au même degré que quelques-uns de ses amis, certains dons oratoires, ceux qui tiennent à la constitution physique et au tempérament. Sa nature méditative et réservée; le goût et la préoccupation fort légitimes dans un écrivain aussi distingué, de la forme littéraire et de la correction du langage, l'éloignaient souvent des risques et des hasards de l'improvisation. Il n'en avait pas, en général, les élans spontanés et l'heureuse audace. Mais dans ses discours parlementaires, soit fortement préparés, soit écrits du soir au lendemain avec une facilité merveilleuse, quelle élégante lucidité ! quel habile enchaînement des preuves et des déductions ! quelle élévation dans les aperçus et les considérations ! dans l'ensemble, quelle démonstration puissante et variée ! — M. de Barante a été surtout dans nos assemblées législatives un éminent rapporteur. Il réunissait à un rare talent d'écrivain toutes les qualités morales et le sens politique qu'exige cette importante mission. Nul n'a mieux que lui, avec plus d'art, de juste proportion et de consciencieuse impartialité, reproduit les travaux et l'esprit des commissions dont il était l'organe. Il excellait dans l'analyse des opinions diverses, même de celles qu'il ne partageait pas, dans le choix et l'exposé des raisons de décider, dans la netteté et la fermeté des conclusions.

Il avait aussi dans la vie politique un autre genre de supériorité qui s'étendait aux relations du monde. Il a été, comme le disaient son ami le général Foy et d'autres bons juges, un des premiers causeurs de son temps. Il avait tant de grâce dans le langage, des aperçus si élevés quand le sujet le comportait, toujours si ingénieux et si justes; il savait tant de choses et les racontait si bien, avec une si riche et si fidèle mémoire, qu'on ne se lassait pas de l'entendre et qu'on ne quittait pas ses entretiens sans en retirer quelque profit d'intelligence, d'instruction, de bons sentiments !

Dans la période de 1820 à 1830, M. de Barante passait en Auvergne tout le temps qu'il n'était pas obligé de consacrer aux sessions législatives. Ce fut alors qu'il se livra avec une nouvelle ardeur à ses études et à ses compositions littéraires. Il fit paraître en 1822 la traduction des œuvres dramatiques de Schiller, commencée dans sa jeunesse, revue et complétée dans l'âge mûr, qui est devenue classique en France et en Allemagne. Il traduisait aussi l'*Hamlet* de Shakespeare dans le travail général de traduction de ce grand génie entrepris et réalisé, avec tant de succès, par M. Guizot.

Vers la même époque, il publiait sa belle étude « des Communes et de l'Aristocratie, » œuvre de publiciste et d'homme d'Etat, où se retrouve aussi, dans l'exposé des origines et des vicissitudes de notre droit communal, un grand talent d'historien. L'examen de ces graves questions sur lesquelles il avait l'expérience et toutes les compétences de sa longue carrière administrative, a été, jusqu'à ses derniers jours, une des grandes préoccupations de sa vie. Sous l'empire de la charte de 1814, il était plus qu'aucun de ses contemporains et de ses plus illustres amis, frappé de l'inconséquence toute française (le même fait ne s'était produit dans aucun autre gouvernement libre) qui instituait les libertés politiques et parlementaires au faîte de l'édifice sans leur donner pour fondement l'organisation représentative des pouvoirs locaux et intermédiaires, sans s'inquiéter de former l'homme public, le citoyen, par une sérieuse et virile participation à l'administration de la cité, de la commune, du département. Comme Tocqueville et bien avant lui, il avait reconnu qu'une constitution libérale ne peut pas s'adapter à un corps servile. Pour faire cesser cette périlleuse anomalie, son ouvrage présentait un système d'institutions municipales et départementales mûrement étudié et même formulé en dispositions législatives. Sage et loyal conseiller de la Restauration, M. de Barante lui disait qu'une sorte d'aristocratie relative, n'ayant rien de commun avec une noblesse privilégiée ou de frivoles distinctions, parfaitement compatible avec l'égalité civile et les principes de 89, se constituerait dans le pays par les services rendus, par l'importance acquise dans les représentations locales, et deviendrait, pour une société si profondément remuée par les révolutions, un puissant élément d'ordre et de conservation. Le livre n'a pas vieilli , Messieurs, ou du moins il était, il y a deux ans à peine , rajeuni par le succès d'une nouvelle édition préparée , sous la direction de l'auteur , par un de ses petits-fils (1) , et précédée d'une remarquable préface du jeune éditeur. Il sera toujours utilement consulté dans l'examen des graves problèmes d'organisation intérieure , de délégation de pouvoirs, de décentralisation administrative, si souvent agités , et encore de l'aveu de tous, si imparfaitement résolus.

A la publication du livre *de l'Aristocratie et des Communes*, succéda quelques années après, celle de l'*Histoire des ducs de Bourgogne*. Issus de la branche des Valois de la grande maison de France , du sang de saint Louis , on sait combien ces princes-souverains se montrèrent, par leurs alliances avec l'étranger , infidèles à une si haute origine ; comment leur souveraineté constituée par le roi Jean et exercée par quatre générations de ses descendants , fit retour à la couronne par l'extinction de la ligne masculine et l'habile politique du roi Louis XI. Leur histoire , qui commence en 1464 pour finir en 1577, embrasse un long siècle de nos guerres défensives et nationales contre les Anglais , de meurtres entre les princes, de misères et d'insurrections populaires. C'est le temps de l'assassinat du duc d'Orléans , des représailles de Montereau , de la démence de Charles VI, de la sublime vocation de Jeanne d'Arc , de sa mission providentielle et de ses combats ; du sacre du roi de Bourges redevenu roi de France , d'un vigoureux travail d'unification française.

M. de Barante étudia ce vaste sujet avec l'amour et la patience d'un Bénédictin. En lisant Froissard , Philippe de Commines , la chronique du religieux de Saint-Denis , il s'éprit de leurs naïfs et vivants récits. Sans chercher à les reproduire par une servile imitation , il puisa dans ces lectures l'inspiration d'une narration vive, animée, dégagée des raisonnements et des démonstrations qui embarrassent trop souvent la marche des historiens de profession. Il prit pour épigraphe l'axiome de

(1) M. le baron Robert de Nervo.

Quintilien : *Scribitur ad narrandum, non ad probandum ;* ce qui peut être traduit en style familier dans cette simple et juste observation : l'histoire doit être un récit et non un plaidoyer. Comme nos anciens narrateurs français, il cherchait à faire ressortir du récit même et de la couleur qu'il lui donnait, le jugement à porter sur les événements et les faits. Entendait-il, ainsi qu'on l'a prétendu, ériger en système exclusif cette méthode de composition historique ? Personne n'était moins que lui enclin aux idées absolues et systématiques. Il eut tout simplement la bonne pensée de réagir contre l'abus des considérations générales, des commentaires philosophiques ou plutôt intéressés, qui s'était si fort aggravé depuis Voltaire par ses pâles imitateurs. Il voulut surtout appliquer au sujet qu'il avait à traiter, le mode d'exposition qui devait lui donner le plus d'intérêt, de charme et de vérité.

Un éclatant succès couronna son œuvre et lui ouvrit bientôt les portes de l'Académie française. Il y remplaçait le premier président de Sèze. La séance de réception eut lieu le vingt novembre 1828. Le sujet du discours du nouvel élu était, suivant l'usage, l'éloge de son prédécesseur. Défenseur du roi-martyr, M. de Sèze avait été associé à l'événement le plus tristement religieux, comme M. de Barante l'a si bien dit, de la Révolution française. Il n'avait pas acquis de renom dans les lettres, mais il avait parlé avec talent et courage devant la Convention ; il avait fait entendre à la redoutable Assemblée cette intrépide parole : « Je cherche parmi vous des juges, je » n'y trouve que des accusateurs. »

Après avoir célébré le dévouement du jeune avocat, M. de Barante recherchait les causes de l'abominable attentat que ses généreux efforts ne purent pas empêcher.

« A la fin d'un siècle, disait-il, qui s'était enorgueilli de » son humanité et de la douceur de ses mœurs, chez une na » tion dont le caractère n'a jamais rien de rude et qui pas » sait pour aimer ses rois, comment un roi put-il être conduit » du trône à l'échafaud ? Le peuple avait-il été soumis à une » domination pesante ? Le monarque avait-il repoussé les justes

» plaintes de ses sujets ? Avait-il fermé l'oreille à leurs vœux ?
» En avait-il appelé à la force et soutenu la guerre civile pour
» maintenir une autorité absolue ? Au contraire : du jour où
» il était monté sur le trône, il n'avait pas eu une autre pensée
» que le bonheur de la France ! »

L'orateur rappelait comme témoignages éclatants de cette pensée, l'abolition de la torture et des derniers restes de la servitude personnelle, l'état civil rendu aux protestants, la publicité des comptes de finances, l'établissement des assemblées provinciales.

Puis il signalait les obstacles qu'avaient rencontrés les sages et libérales intentions du roi. « Necker y échouait comme Tur» got ; il n'y avait ni institution, ni vie publique. Les esprits » s'exaltaient par les théories, les vices et les passions. »

Enfin M. de Barante traçait un saisissant tableau des progrès révolutionnaires : le 20 juin, le 10 août, les massacres de septembre « après lesquels tout était possible ; la funeste habitude » du sang qui enivre l'homme et le rend insensé quand il n'é» meut plus sa justice... »

Il faut lire, Messieurs, et relire ce discours, l'un des plus éloquents qui aient été prononcés à l'Académie française. J'entends encore les applaudissements unanimes par lesquels il fut accueilli ; car j'avais le bonheur, et c'est un des meilleurs souvenirs de ma vie, d'assister à cette solennité.

Vers le même temps, dans les dernières années de la Restauration, M. de Barante écrivait dans la *Revue nouvelle* avec MM. de Broglie, Guizot, Augustin Thierry, etc. Il y avait publié d'intéressants articles sur l'établissement monarchique de Louis XIV, la politique de Fénelon, l'histoire de France au xviiie siècle. Mais son travail de prédilection était consacré à l'étude et à la préparation d'une histoire du *Parlement de Paris* qui aurait été l'histoire de la politique intérieure de la France depuis le xive siècle. Il en avait réuni les matériaux lorsque la révolution de 1830 changea encore une fois le cours de ses destinées. Cette révolution, il ne l'avait pas appelée de ses vœux ; il avait tout fait pour la prévenir par ses conseils. Quand la nouvelle lui en parvint à Barante où il était alors, il ne l'accueillit pas sans regret de la division qu'elle apportait dans la maison royale et parmi les forces conservatrices de la société, sans le pressentiment des difficultés particulières de Gouvernement, des éléments de dissensions et de troubles civils qu'elle pouvait récéler dans son sein. Mais les fatales ordonnances ayant posé la question du pouvoir absolu dans les termes et les circonstances les plus contraires au succès d'un coup d'Etat, la réponse du pays ne s'était pas fait attendre. Tout était consommé en trois jours suivant nos habitudes françaises, sans qu'il fût possible à l'opposition constitutionnelle de renfermer la résistance dans les limites légales. Le trône était déclaré vacant. M. de Barante avait foi dans la sagesse du prince qui, au milieu de tant de difficultés et de périls, était appelé à l'occuper. Ses amis, le comte Molé, le duc de Broglie, M. Guizot, avaient pris place dans les conseils du nouveau roi. Il était permis d'espérer que la révolution de 1830 serait ainsi ramenée et fixée aux principes de la monarchie parlementaire, aux conditions de la révolution de 1688 qui avait porté si haut la prospérité, la grandeur et les libertés de l'Angleterre. A peu d'exceptions près, tous les membres de l'ancienne opposition constitutionnelle donnèrent leur adhésion et leur concours au nouveau Gouvernement. M. de Barante fut nommé ambassadeur près le roi de Sardaigne.

V.

La cour de Turin était alors soumise à l'influence autrichienne qui, sous la direction du chancelier de Metternich, s'efforçait de réduire l'Italie, suivant un mot célèbre et malheureux, à l'état de *simple expression géographique*. Le souverain du Piémont était Charles-Félix, très-honnête roi, mais tout-à-fait d'ancien régime. La Révolution de Juillet, l'établissement d'une monarchie contractuelle, avaient blessé tous ses sentiments, éveillé toutes ses défiances. Il fallait au nouvel ambassadeur de France, toute sa distinction personnelle, beaucoup de prudence, de tact et de modération, pour triompher des difficultés de la position. M. de Barante y obtint tout le succès

possible. Sa mission était de celles qui pouvaient être hautement avouées. Il représentait un gouvernement sagement libéral qui, dans ses actes comme dans sa devise, ne séparait pas
l'ordre de la liberté. Il fut bientôt recherché par tout ce qu'il
y avait à Turin d'esprits cultivés dans les lettres et dans les
sciences, ouverts, quoique silencieusement encore, aux idées
nouvelles. Parmi les amis de la France et de l'ambassade française, se trouvait au premier rang Silvio Pellico, le doux et
religieux prisonnier du Spielberg, qui avait tant souffert pour
la liberté ; on distinguait aussi les Balbo, les d'Azeglio, les
Sclopis, les La Marmora, puis un très-jeune homme, officier
du génie, appartenant à la plus ancienne aristocratie du pays,
vivement épris des idées anglaises en matière de gouvernement,
livré aux plus sérieuses études. Ce jeune homme était le comte
Camille de Cavour, le futur et hardi promoteur de l'œuvre si
diversement jugée, accomplie ou plutôt tentée par de si étranges
moyens, de l'unification italienne.

Au milieu de cette intelligente élite de la société de Turin,
du haut de son poste d'observation, M. de Barante jugeait
admirablement, ses dépêches en font foi, le mouvement des
affaires d'Italie, et par sa modération comme par sa vigilance,
il y exerçait l'influence la plus salutaire, la plus conforme aux
intérêts français.

C'était, à la cour de Sardaigne, le privilége de l'ambassadeur
de France de tenir le premier rang dans le corps diplomatique
et de parler en son nom dans les grandes solennités. A l'avé-
nement du roi Charles-Albert, chef de la branche collatérale de
Savoie-Carignan, succédant à Charles-Félix mort sans postérité,
M. de Barante adressa au nouveau souverain un discours qni
produisit une vive sensation.

« Le rameau le plus illustre de la maison de Savoie, disait
» notre compatriote, en remplace la tige antique. Ajoutant
» sans cesse la gloire personnelle à la gloire héréditaire, sept
» générations de la maison de Carignan ont fleuri près du
» trône, vivant toujours parmi le peuple et les armées. Ainsi
» rapprochée du sort commun de l'humanité, votre auguste

» race en a connu les véritables besoins, et votre Majesté
» oint à la sainte autorité des souvenirs l'intelligence sym-
» pathique de son époque et de sa nation. »

Ces belles paroles, en partie prophétiques et si dignes de la
France, étaient prononcées à la fin de l'année 1831, devant l'une
des cours les plus immobiles et les plus arriérées de l'Europe.

Bientôt, presqu'en même temps, éclatait dans les Romagnes
un mouvement insurrectionnel qui devint la cause ou le prétexte d'une intervention et d'une occupation autrichienne. Tout
aussitôt, M. de Barante conseilla à son Gouvernement, avec
la plus vive insistance, par les plus justes et les plus fermes
considérations, la politique d'action, l'intervention française,
l'expédition et l'occupation d'Ancône. Je n'ai pas besoin de
rappeler dans quelle sage et politique mesure, mais avec quel e
énergique décision, cette expédition fut résolue et exécutée par
le ministre parlementaire Casimir Perrier (1). Sa mémoire si
grande et si pure n'a pas, aux yeux de la postérité, de plus
beau titre de gloire. — Il y aurait aussi, dans l'histoire, une
part à faire à l'ambassadeur qui provoqua cet acte de vigueur
avec tant de prévoyance active et d'à propos.

Les préoccupations politiques, quelle que fût leur gravité,
ne pouvaient pas détourner M. de Barante du culte des lettres
auquel il revenait toujours avec bonheur. Ce fut à Turin, et
pour une fête de bienfaisance consacrée aux pauvres de la co-
lonie française, qu'il écrivit une des plus charmantes compositions qui soient sorties de sa plume, *Sœur Marguerite*, his-

(1) M. Casimir Périer, président du Conseil des ministres, était alors (en
janvier et février 1832) ministre par *intérim* des affaires étrangères en remplacement du général Sébastiani. M. de Barante lui adressait les nombreuses
dépêches par lesquelles il réclamait l'expédition avec tant d'instances. Les
troupes françaises entrèrent à Ancône le 24 février.

M. de Barante ayant reconnu le désir d'agrandissement en Italie qui a toujours été dans la politique piémontaise, mais qui ne s'étendait pas alors au-delà
de la Lombardie, indiquait dans la même correspondance, comme compensa-
tion et question d'avenir, *la réunion de la Savoie et du comté de Nice* au territoire français.

La publication de cette correspondance offrirait un grand intérêt historique
par les faits qu'elle constate, et littéraire par le mérite supérieur de la rédaction.

toire ou roman d'une jeune fille qui inspire une passion profonde
à un malheureux jeune homme menacé et bientôt atteint de
folie. Après divers incidents, une demande en mariage et le
refus qui devait s'ensuivre, le fou tombe en démence furieuse
et tue son médecin qui était le père de celle qu'il aimait. La
jeune fille devenue sœur de charité, *sœur Marguerite*, est
attachée à l'hospice où est enfermé le pauvre aliéné qui ne
tarde pas à mourir. Elle meurt aussi ne pouvant pas lui sur-
vivre. — Ce petit drame, dont je ne peux donner qu'une
bien imparfaite esquisse, très-habilement conduit, relevé par
de charmants détails, est raconté avec la plus élégante et la
plus suave simplicité.

Le 11 septembre 1835, M. le baron de Barante quittait
l'ambassade de Sardaigne pour aller représenter la France à la
cour de Russie. Il était ainsi appelé à l'une des premières situations de la diplomatie européenne.

Napoléon Ier, dans une des dernières soirées qu'il passa à
Fontainebleau, disait à Caulaincourt : « La Russie est un
homme ; l'Angleterre est une nation. » C'était reconnaître,
et l'aveu sorti d'une telle bouche est précieux à recueillir,
que la liberté légale fait seule les nations dignes de ce nom.

L'homme en qui s'absorbait, s'incarnait la Russie, était,
en 1835, l'empereur Nicolas, type de souverain absolu qui
n'était pas sans grandeur, sans conscience des devoirs de la
toute-puissance, mais qui avait encore plus de passions, de
fantaisies, et, comme la suite l'a prouvé, d'imprévoyance. Il
était par état comme par caractère l'adversaire du gouvernement libéral de 1830 contre lequel il avait, en outre, le grief,
sans cesse renouvelé, de nos sympathies pour la Pologne. C'é-
tait un adversaire plus ou moins déclaré, suivant les dispositions du moment, ayant parfois des retours de justice et de
raison, au fond ne voulant pas plus la guerre que ne la voulait le roi Louis-Philippe ; car dans le premier entretien qu'il
avait avec M. de Barante, il lui disait : « On parle de guerre,
» mais elle ne se fait que par nécessité ou volonté ; *par néces-*
» *sité*, il n'y en a aucune ; personne ne veut rien ; il n'y a nulle

» affaire, nulle difficulté; *par volonté*, ni moi ni aucune
» autre puissance ne veut la guerre. »

Tel était le souverain avec lequel l'ambassadeur de France
avait non pas précisément à traiter, à négocier, mais à entre-
tenir des rapports de convenance, d'observation et de conversation diplomatiques. Là, comme à Turin, plus qu'à Turin et
que partout ailleurs, il fallait du tact, de la mesure, de la
pénétration et, suivant la belle expression de **M. Guizot**,
« une dignité à la fois attentive et douce (1). » Aucun représentant de la France ne pouvait mieux que **M.** de Barante sa-
tisfaire à toutes ces conditions. Aussi avait-il personnellement
acquis dans la haute société russe une position d'une importance exceptionnelle. Il y était, en outre, fort recherché pour
son renom littéraire, pour le charme de sa conversation. L'empereur, la famille impériale, lui témoignaient une grande
considération, et lorsqu'en 1838, dans un voyage à Cons-
tantinople entrepris pour étudier la question d'Orient sur les
lieux, **M.** de Barante parcourut la Russie méridionale et la
Crimée, visitant Odessa, Symphéropol, Sébastopol et ces
fortifications naissantes dont la conquête devait jeter un si
grand éclat sur nos armes, il fut, par ordre impérial, accueilli
avec un empressement et traité avec une magnificence qui

(1) **M. de Barante**, par **M. Guizot**, *Revue des Deux-Mondes* du 1ᵉʳ juillet 1867, page 53.

M. de Barante caractérisait dans le même sens et à peu près dans les mêmes
termes la mission et les devoirs des agents diplomatiques de la France à l'é-
tranger, sous la monarchie de 1830.

« Hormis quelques transactions importantes, » a-t-il écrit dans l'Eloge du
comte Alexis de St-Priest, « la politique, sous le règne du roi Louis-Philippe,
» n'imposait aux agents diplomatiques d'autre habileté que de bien observer
» les dispositions des gouvernements, les projets qu'ils pouvaient concevoir,
» si la paix, que tous voulaient sincèrement maintenir, venait à être troublée.
» Il fallait montrer que la France était forte, mais point agressive; qu'elle
» n'avait d'autre prétention que de tenir son rang et de ne rester jamais étran-
» gère au règlement des intérêts généraux. *Quoi qu'on ait pu dire*, cette po-
» sition ne lui était pas disputée. Ainsi, le mérite des envoyés français consis-
» tait dans leur discernement, dans le tact des convenances et *le sentiment de*
» *la dignité nationale.* »

rappelaient d'autres temps et à certains égards le voyage d'un autre ambassadeur français (1).

Vinrent plus tard les graves complications de l'année 1840. La convention du 13 juillet 1841, par laquelle la France rentra dans le concert européen, causa un vif déplaisir à la Russie, et il en résulta le puéril incident si bien raconté par M. Guizot (2), qui mit fin à la mission de notre compatriote. Vers la fin de la même année (1841), l'empereur Nicolas rappela par un congé temporaire son ambassadeur le comte de Pahlen, sans doute afin que, le 1er janvier suivant, il n'eût pas à complimenter le roi Louis-Philippe au nom du corps diplomatique dont il était accidentellement le doyen (3). L'intention fut si bien comprise par le gouvernement français que M. de Barante fut aussitôt retenu en congé à Paris et dispensé de retourner à son ambassade. En même temps, l'ordre était transmis à notre chargé d'affaires de s'abstenir, sous un prétexte de santé, de paraître à la fête de Saint-Nicolas. Ce chargé d'affaires était le fils, le digne fils de Casimir Perrier, qui exécuta, avec autant de fermeté que de bon goût, des instructions si conformes à ses propres sentiments.

M. de Barante était rentré en France après onze ans de résidence à l'étranger. Mais, quelqu'occupé qu'il fût de ses missions diplomatiques et du mouvement des affaires européennes, sa pensée ne pouvait pas se détacher de l'état intérieur et de la politique de son pays, des luttes où se trouvaient engagés ses principes et ses amis, des généreux efforts par lesquels ces mêmes amis, sans aucun sacrifice des libertés essentielles, sans aucune atteinte à la plus scrupuleuse légalité, parvenaient

(1) Voyage en Crimée du comte de Ségur, ambassadeur de France auprès de Catherine II.

(2) *Revue des Deux-Mondes* du 1er janvier 1861. — Mémoires pour servir a l'histoire de mon temps, t. VI, p. 335-342, 467-524.

(3) Précédemment, le 1er mai 1834 et le 1er janvier 1835, le comte Pozzo di Borgo, alors doyen des ambassadeurs à Paris, avait été auprès du roi, avec une parfaite convenance, l'interprète de leurs sentiments. (Extrait de l'article publié par M. Guizot, sur M. de Barante, dans la *Revue des Deux-Mondes* du 1er juillet 1867.

à triompher d'incessantes attaques et d'implacables hostilités.
Il excellait à démêler, même de loin, les situations les plus
complexes, à les juger, et il en disait franchement son avis
dans des correspondances intimes qui, en partie, mais encore
trop imparfaitement publiées (1), témoignent de la sagacité
de ses observations et de la sagesse de ses vues.

Il avait aussi, comme tout ambassadeur, des congés qu'il
passait presque entièrement à Paris et qu'il consacrait bien plus
aux affaires publiques qu'à ses affaires privées. Il reprenait
alors sa place à la chambre des pairs, et il y retrouvait les
sentiments de confiance dans ses lumières, de sympathie pour
sa personne, qui l'appelaient à faire partie des plus importantes commissions. Là, son rare talent de rapporteur était
aussitôt mis à contribution : — En 1833, pour la loi d'organisation départementale qui devait inaugurer une de nos plus
précieuses libertés, l'éligibilité des membres des conseils généraux et des conseils d'arrondissement ; — en 1835, pour
les lois par lesquelles, après les terribles journées d'avril et
l'attentat Fieschi, le gouvernement crut devoir proposer des
modifications au régime de la presse. Il devint ainsi à la
chambre des pairs, comme l'éloquent M. Sauzet l'avait été à
la chambre des députés, rapporteur de cette législation de septembre, alors si discutée, si vivement critiquée, plus tard
mieux comprise, parfois même regrettée par de sincères amis
de la liberté, toujours énergiquement défendue par deux de
ses plus illustres auteurs, M. le duc de Broglie et M. Thiers.

Le 8 juin 1838, M. de Barante avait prononcé à la tribune
de la chambre des pairs l'éloge funèbre du prince de Talleyrand. Parler, au milieu des passions contemporaines, de
l'homme d'Etat qui avait exercé une si grande et souvent si
décisive influence sur les plus considérables événements du
temps, n'était pas une tâche facile. L'orateur sut la remplir
avec autant de convenance que de talent. Sans dissimuler les
graves erreurs, les funestes égarements de la grande existence

(1) M. Guizot en a fait plusieurs citations dans ses Mémoires.

qui venait de s'éteindre, il en signalait les éclatants services qui, dans les plus difficiles conjonctures, avaient assuré ou affermi la paix de l'Europe. Il rappelait la réelle sympathie de M. de Talleyrand pour les institutions libérales, son dévouement aux intérêts français, la sagesse de ses conseils qu'aucun de nos Gouvernements n'avait impunément méconnus ou dédaignés ; et comme M. de Barante avait été, avec MM. Royer-Collard et de Saint-Aulaire, du petit nombre d'amis que, dans sa dernière maladie, ce haut personnage avait admis ou appelés auprès de lui, il rendait aussi témoignage du religieux retour de ses résolutions suprêmes et de ses derniers entretiens (1).

A partir de 1842, tout en conservant le titre et le rang d'ambassadeur près la cour de Russie, M. de Barante ne devait plus quitter la France.

Souvent investi des fonctions temporaires de directeur de l'Académie française, il reçut, en cette qualité, à la séance publique du 28 avril 1842, le grave philosophe Ballanche qui, par un piquant contraste, succédait à l'auteur comique Alexandre Duval, et il exposa, avec une clarté bien méritoire, les idées très-honnêtes, très-élevées, très-poétiques, mais toujours un peu nuageuses, du nouvel élu.

L'année suivante, un des maîtres éminents de l'Université, un critique supérieur dans les lettres anciennes, M. Patin, venait prendre possession, à la même Académie, du siége qu'il avait conquis par les plus honorables services et les plus utiles travaux. M. de Barante, dans sa réponse au récipiendaire, caractérisait, avec une élégante précision, le mérite « de l'écri-
» vain modeste dont la vie entière fut consacrée au culte assidu
» des lettres, qui en a expliqué les beautés, qui en a répandu
» le goût parmi la jeunesse, qui, par le bienfait de son ensei-
» gnement, a maintenu les traditions dont les siècles et les
» peuples se sont transmis l'héritage ; ces traditions du beau,

(1) M. de Barante avait aussi prononcé à la Chambre des pairs, le 16 avril 1838, l'Eloge funèbre du marquis d'Osmond, ancien ambassadeur avant et depuis la Révolution, père de Mme de Boigne et ami dévoué du duc de Richelieu.

» du vrai , du simple , ces traditions où se concilient l'imagi-
» nation et la raison. »

Telles étaient, Messieurs, les doctrines littéraires du traduc-
teur de Schiller et de Shakespeare ayant aussi sur sa table de travail Virgile, Horace et Tacite, s'inspirant de ces grands modèles,
et puisant, dans l'étude assidue des lettres anciennes , la noble
et raisonnable simplicité qui a toujours distingué ses écrits (1).

Pendant les années qui s'écoulèrent jusqu'en 1848 , M. de
Barante partageait son temps entre Paris et l'Auvergne où il
passait tout l'intervalle des sessions. Ce fut alors qu'il s'occupa
avec le plus d'efficacité de nos affaires départementales qu'il
avait eu toujours fort à cœur, même quand il résidait à l'é-
tranger. Membre du conseil général du Puy-de-Dôme depuis
1834 , il en était devenu le président élu chaque année à l'u-
nanimité des suffrages malgré la diversité des opinions repré-
sentées dans cette assemblée. Les circonstances étaient d'ailleurs de plus en plus propices à ses démarches et à ses vœux
pour la prospérité de notre pays. Une vive et croissante im-
pulsion était donnée aux travaux publics sur tous les points du
territoire. D'une part , la loi des chemins vicinaux , ce grand
bienfait de la monarchie de 1830, avait inauguré une ère nouvelle d'amélioration et de progrès en quelque sorte indéfini
pour nos communications locales. De l'autre , la législation organique des chemins de fer s'élaborait dans nos assemblées
législatives par de sérieuses et savantes délibérations. M. de
Barante intervenait dans la discussion à la chambre des pairs
et il réclamait avec une grande énergie (2) , pour un très-pro-

---

(1) Parmi les productions vraiment littéraires de notre compatriote qui da-
tent à peu près de cette époque, il faut citer, quoiqu'il fût présenté à une assemblée politique, le Rapport fait à la Chambre des pairs sur le projet d'acquisition
de l'hôtel de Cluny et du musée de Sommerard (séance du 15 juillet 1843). Ce
Rapport, par l'élégance académique du style comme par l'élévation des pensées
et la clarté de la discussion, est un vrai modèle du genre, et mérite, à ce titre,
une mention particulière.

(2) « La Limagne, disait M. de Barante à la Chambre des pairs , est à peu
» près le sol le plus fertile de France ; une population laborieuse y est pressée
» à l'égal de la Belgique ou de la Flandre , les villes y sont voisines les unes

chain avenir, le prolongement jusqu'à Clermont-Ferrand de la ligne du centre dirigée sur Bourges. Deux ans après, ce prolongement qui devait desservir et vivifier nos belles contrées, était accordé en principe, sauf étude du tracé, par la loi de 1844, et, le 29 mai 1846, M. de Barante, rapporteur de la Commission de la chambre des pairs où siégeait aussi notre concitoyen M. le baron Girot de l'Anglade, d'honorable et bienveillante mémoire, avait la satisfaction, ce n'est pas assez dire, le bonheur de proposer l'adoption définitive de cet important projet. Mais ce qui n'excitait pas moins la sollicitude du président de notre Conseil général, c'était le sort des classes souffrantes ou laborieuses pour lesquelles il avait toujours éprouvé une profonde et sincère sympathie. Il y revenait sans cesse dans les charmantes allocutions par lesquelles il inaugurait chaque année nos travaux (car j'avais l'honneur d'être son collègue) ; je ne peux pas relire sans émotion les sages et touchantes paroles qu'il nous adressait dans la session de 1847 qui pour lui devait être la dernière.

« Dans l'état actuel de nos mœurs et de nos opinions, di-
» sait-il, dans notre société, dans cette époque d'industrie et
» d'enrichissement, parmi ce besoin universel de bien-être,
» le soin des classes laborieuses et pauvres est devenu le
» premier devoir du Gouvernement, des administrateurs et
» des riches. Dans l'ère nouvelle de la civilisation où il semble
» que nous allons entrer, le maintien de l'ordre est peut-être
» à cette condition. Et, d'ailleurs, que penserions-nous de
» notre temps et de notre pays, si l'ardeur générale du gain,
» si le goût des jouissances et du luxe n'était point tempéré et
» expié par la préoccupation compatissante des souffrances du
» pauvre, par l'empressement à le secourir et à le relever ? »

Oui, Messieurs, relever les uns sans abaisser les autres, unir et fondre les diverses classes de la société par le lien des bons offices, des devoirs réciproquement et sympathiquement

» des autres... Clermont est un centre d'activité, une vraie capitale pour cinq
» à six départements environnants ; c'est là qu'ils viennent vendre et acheter. »

accomplis, telle était la démocratie de M. de Barante. C'est ainsi que son ami Royer-Collard disait dans un admirable discours : « Que d'autres s'en affligent ou s'en courroucent, » pour moi, je rends grâce à la Providence de ce qu'elle a » appelé aux bienfaits de la civilisation un plus grand nombre » de créatures humaines. »

Messieurs, cette démocratie est plus ancienne encore, et nous devons la reporter à son véritable auteur. Elle date du Calvaire ; c'est la démocratie de l'Evangile. — Que Dieu la donne de plus en plus à la France !

Quelques mois après la session des conseils généraux, les chambres législatives étaient aussi réunies pour la dernière fois. M. de Barante fut encore le rapporteur et le rédacteur de l'adresse de la chambre des pairs (1) ; adresse discutée, comme elle avait été écrite, avec une modération qui n'excluait ni l'éclat (2), ni l'indépendance. Celle de la chambre des députés donna lieu à de vifs et irritants débats. Puis la révolution de février éclata par des causes ou sur des prétextes qui sont aujourd'hui dans le domaine de l'histoire. Elle mit fin à la carrière politique de M. de Barante.

VI.

Il était alors dans la soixante-septième année de son âge qui est pour le plus grand nombre l'âge du repos. Nul, après tant de services rendus à son pays, aux lettres, aux études historiques, n'était mieux fondé que lui à prononcer le *solve senescentem*. Mais son vaillant et infatigable esprit n'était pas fait pour l'inaction et ne pouvait pas vieillir. Jamais, dans sa longue carrière, il ne s'était montré plus actif et plus fécond. Dans une série de remarquables écrits qui restent acquis aux sciences sociales et politiques, il aborda et discuta les grandes ou étranges questions qui étaient alors à l'ordre du jour : la

____

(1) Séance du 18 janvier 1848.

(2) C'est dans cette discussion que M. de Montalembert prononça sur la question suisse un de ses plus admirables discours.

propriété, le travail, la souveraineté, le suffrage universel, les déclarations des droits de l'homme et du citoyen, l'ensemble des théories égalitaires renouvelées du contrat social. Avec l'autorité de l'expérience et du bon sens, il combattait ces théories dans leurs excès et leurs chimères. Cherchant le principe de la souveraineté, il le trouvait et le maintenait dans les hautes et pures régions du droit, de la justice et de la raison. Il n'admettait pas qu'il pût dépendre de la force du nombre et des caprices de la multitude, pas plus que des fantaisies ou des violences d'un despote, de rendre légitime et moralement obligatoire ce qui était en soi injuste ou déraisonnable. Il proclamait en un mot qu'il n'y a pas de droit contre le droit.

C'était le temps des paradoxes révolutionnaires, des tentatives de réhabilitation d'une sinistre époque, de l'apothéose de Robespierre et de Saint-Just. Contre ces audacieuses et systématiques altérations de la vérité, M. de Barante écrivit l'histoire consciencieuse et complète du Gouvernement de la Convention, avec une épigraphe empruntée à Lucain, dont l'éloquente énergie a été déjà signalée : *jusque datum sceleri !* — Dans ces navrants récits qui commencent aux journées du vingt juin et du dix août, il s'attachait à démêler l'action des opinions et des partis sur les événements, à flétrir le servile abaissement des âmes devant la tyrannie qu'un seul jour de réveil national aurait suffi pour renverser. Ses souvenirs d'enfance, l'impression toujours vivante que lui avait laissée le spectacle des proscriptions, l'arrestation et l'emprisonnement de son père ; les témoignages contemporains qu'il avait, dans le cours de sa vie, recueillis sur la Terreur, lui fournissaient les couleurs les plus propres à peindre cet affreux régime. Aucun des historiens déjà nombreux de la dictature conventionnelle n'a raconté en termes plus émus, plus respectueux pour les augustes victimes, le procès et le long martyre de Louis XVI, sa douce et chrétienne résignation dans la captivité du Temple, sa royale dignité et son courage devant l'échafaud, les souffrances, les angoisses et les supplices plus horribles encore, s'il est possible, de la reine Marie-Antoinette et de Madame Elisabeth.

Jusque datum sceleri! Jamais, non jamais, la perversité humaine ne s'était donné une aussi vaste et sanglante carrière !

Après l'histoire de la Convention , M. de Barante avait entrepris celle du Directoire qui en est la suite et le complément naturel , mais dans des circonstances et avec des éléments bien différents. Il signalait cette différence dans les mœurs , dans la disposition des esprits , dans les institutions. Moins de violences et de cruautés , plus de corruptions , d'intrigues et de vénalités ; des pouvoirs organisés à l'état d'antagonisme et promptement déconsidérés ; l'ingérence des généraux dans les discordes et les compétitions civiles ; les armées en campagne délibérant des adresses politiques ; le coup d'Etat et les proscriptions de fructidor ; une lassitude générale et un profond degoût succédant à de frivoles ou stériles agitations ; la société française demandant un sauveur armé ; la grande personnalité du général Bonaparte s'affirmant par la merveilleuse campagne d'Italie , par la poétique mais aventureuse expédition d'Egypte ; tels étaient les principaux traits de la situation qui allait se dénouer par le coup d'Etat de brumaire brisant la constitution de l'an iii, dispersant les conseils législatifs , inaugurant un pouvoir fort et réparateur , mais sans contrôle politique et bientôt sans frein. Cette situation et son dénouement étaient décrits par M. de Barante avec son art exquis d'historien et le sens politique qu'il avait acquis ou plutôt perfectionné dans le maniement des grandes affaires.

Il avait eu aussi l'intention d'écrire l'histoire de l'Assemblée Constituante, de laisser ainsi une complète histoire de la période qu'on appelle la Révolution , qui est cependant bien loin d'avoir été toute la Révolution française. Le temps et son âge ne lui permettaient pas de réaliser ce projet. Encore moins pouvait-il revenir à ses travaux sur l'histoire du Parlement de Paris , sérieusement commencés avant 1830. Mais lorsque , par les soins de M. Champollion , la Société de l'histoire de France publia les Mémoires de Mathieu Molé , c'est-à-dire , le recueil des documents officiels conservés et annotés par le grand magistrat , M. de Barante en accompagna la publication d'une

Etude historique, dans laquelle il définit et il caractérise avec une grande autorité les rapports du parlement et de la royauté, tels qu'ils avaient été pratiqués, au milieu de difficultés et de contestations sans cesse renaissantes, depuis la clôture des Etats-Généraux de 1614 jusqu'aux premières années de la régence d'Anne d'Autriche. Cette savante Etude restera comme la plus exacte et la plus lucide exposition de l'avant-scène de la Fronde.

Je viens de parler de la Société de l'histoire de France dont vous connaissez, Messieurs, l'importance dans le monde des lettres. M. de Barante était un de ses principaux fondateurs, et il en avait été le président élu pendant les trente-trois dernières années de sa vie. Il prenait à ses recherches, à ses précieuses découvertes, à ses publications, la part la plus active, écrivant pour elle des comptes-rendus, des dissertations historiques d'un haut intérêt, un grand nombre de notices biographiques. Il avait un art de raconter simple, délicat et de bon goût, une finesse d'appréciation, qui se prêtaient merveilleusement à ce dernier genre de composition. La *Biographie universelle* s'était, dès le commencement du siècle, enrichie de plusieurs de ses articles, notamment de l'Etude sur Bossuet, fort remarquée par un juge qui avait le droit d'être difficile, par M. de Fontanes, et signalée par lui à l'empereur Napoléon Ier.

Les recueils biographiques les plus estimés avaient eu recours à sa plume. C'est surtout à des contemporains, à ses anciens collègues et aux compagnons de sa vie, qu'il avait consacré, dans les dernières années, des notices nécrologiques considérées par leurs familles comme des titres d'honneur. Je dois m'abstenir de citations (1) et d'analyses qu'il faudrait multiplier outre mesure. Mais dans cette galerie de portraits historiques, comment ne pas distinguer le général Foy avec sa

____

(1) On pourrait surtout citer comme œuvre achevée dans ce genre, la Notice sur le comte François-Emmanuel de St-Priest, ancien ambassadeur et ministre de Louis XVI dans les premières années de la Révolution, agent du roi Louis XVIII pendant l'émigration auprès des plus puissantes cours de l'Europe, né en 1755 et mort en 1821, mêlé pendant cette longue carrière aux événements et aux démarches les plus considérables.

mâle et populaire éloquence ; Camille Jordan, caractère antique par le désintéressement et la vertu civiques ; un autre ami
de M. de Barante, le comte de Saint-Aulaire, l'historien de la
Fronde, homme d'un si aimable et si sûr esprit ; l'empereur Nicolas, peint et jugé par l'auteur avec élévation et équité ; le comte
Mollien, l'intégre et vigilant ministre des finances du premier
Empire ; le comte Molé, l'habile et sage homme d'Etat, une
des grandes figures de notre temps ; le chancelier Pasquier,
ce demeurant d'un autre âge, mais connaissant et jugeant si
bien les temps divers où s'est écoulée sa longue existence ;
Alexis de Tocqueville, le grave et mélancolique apôtre de la
démocratie libérale, mort à la peine, mort des stériles efforts
et des illusions déçues !

Pour la mémoire de Royer-Collard et la publication de ses
discours politiques, notre compatriote s'était chargé d'un travail plus considérable. Il avait, à la demande de la famille,
rédigé une suite de récits des événements sur lesquels ou au
milieu desquels ces discours avaient été prononcés. En cela, il
obéissait aux vœux exprimés par l'orateur-philosophe qui lui
disait un jour, après avoir relu d'anciens discours sans retrouver les émotions qu'il avait éprouvées à les entendre :

« Si on voulait rendre la vie aux discours des orateurs po-
» litiques, il faudrait les encadrer dans un récit historique,
» dire quelle était la situation politique, la direction du gou-
» vernement, l'état des partis, leurs opinions et leurs prin-
» cipes ; il faudrait décrire le cours de la discussion, analyser
» les discours de leurs adversaires et rappeler les faits qu'ils
» avaient produits. »

Tel était l'office qu'il s'agissait de rendre à la publication des discours du grand orateur. M. de Barante fut ainsi
amené à écrire l'histoire de la vie de Royer-Collard, mais surtout de sa vie politique. C'était, à vrai dire, celle des principaux efforts tentés pour fonder en France une forte et sage liberté. Rien de plus intéressant, de plus instructif, que ces récits de faits toujours exacts, souvent inédits ou peu connus,
que ces appréciations si justes et si autorisées des plus impor-

tants débats parlementaires de la Restauration ; car l'auteur avait vu et observé de près tout ce qu'il a si bien raconté.

L'Auvergne, que notre illustre confrère avait tant aimée, mais si peu habitée avant les derniers loisirs qui lui étaient faits par les révolutions, l'Auvergne avait aussi une bonne part dans ses travaux historiques et littéraires. Il avait publié deux charmantes Notices, l'une sur la ville de Riom, sa ville natale ; l'autre, sur la ville de Thiers, berceau de sa famille ; un excellent article biographique sur le général Désaix, le glorieux mort de Marengo. — Membre de notre Académie depuis 1825, époque de sa réorganisation, il était devenu, dans ces dernières années, notre doyen de nomination en même temps que notre doyen d'âge. Pour vous aussi, Messieurs, il avait écrit, et il lisait à l'une de vos séances de 1842 l'éloge du vieil et fidèle ami de son père, l'un des guides les plus bienveillants de sa jeunesse, de M. le comte de Montlosier. Vous connaissez tous ce tableau de maître où revit dans sa piquante et vigoureuse originalité l'auteur des Considérations sur la monarchie française et de l'Essai sur la Théorie des volcans d'Auvergne. — Quelques années après, lorsqu'il fut définitivement fixé parmi nous, vos suffrages unanimes appelèrent M. de Barante à vous présider, en remplacement du digne M. Tailhand dont le souvenir nous est aussi resté cher et vénéré. En 1854, il inaugurait la reprise de vos séances publiques, longtemps interrompues, par un remarquable discours sur le principe d'association appliqué dans nos provinces aux travaux de l'intelligence. Avant la publication de ses histoires de la Convention nationale et du Directoire, il vous communiquait, le 6 janvier 1853, son dramatique récit de l'expédition de Quiberon ; le 1er février 1855, la description du départ du général Bonaparte pour l'expédition d'Egypte. A votre séance publique du 20 juin 1858, il charmait l'auditoire par la lecture de quelques pages de ses Souvenirs intimes sur la Terreur en Auvergne. En 1862, il était acclamé président d'honneur, président à vie de notre Compagnie. Autant que son âge pouvait le permettre, il s'associait encore à vos travaux. Le 7 juillet 1864, il vous présidait pour la dernière fois.

C'était aussi pour la dernière fois que l'année précédente il avait assisté à une séance publique (1) de l'Académie française, séance mémorable qui avait pour lui un intérêt particulier de souvenir et d'affection. Le fils du duc de Broglie , le petit-fils de Mme de Staël, portant sans fléchir l'héritage des illustrations de sa famille qu'il lui a encore été donné d'accroître, prenait possession du siége qu'occupaient avant lui Lacordaire et Tocqueville. Le jeune orateur parut et parla assisté, suivant l'usage , de deux parrains qui étaient M. Guizot et M. de Barante. Tous les deux l'ayant vu naître , jamais le titre de parrains académiques n'avait été mieux justifié. M. de Barante était pendant et après la séance dans un ravissement dont je fus témoin et que j'éprouvais aussi. Ce fut une des grandes et dernières joies de sa vie !

Il n'allait plus que rarement et pour peu de temps à Paris. Il y était toujours très-recherché , très-écouté ; on aimait à connaître, à entendre ses jugements sur les événements du jour qu'il appréciait sans passion malveillante, sans dénigrement systématique, mais avec l'invariable fermeté de ses principes et de sa foi politique. Son existence se concentrait d'ailleurs de plus en plus à Barante. Que ne puis-je vous le représenter tel que j'avais le bonheur de le retrouver , chaque année , dans cette belle et hospitalière demeure qu'il avait fait restaurer et agrandir, sous les ombrages plantés par ses pères, entouré d'une famille tendrement aimée que malgré des pertes cruelles Dieu lui avait encore laissée nombreuse et charmante, toujours ardent à l'étude et travaillant jusqu'à la dernière heure, attentif à tous les signes du temps, partageant ainsi ses derniers jours entre le culte des lettres , de la pensée, et la pratique de toutes les vertus, de toutes les œuvres chrétiennes ! — Ce que par ses exemples, par ses conseils, par sa charité, il faisait de bien aux populations qui l'entouraient, Dieu seul le savait et les hommes ne l'ont connu qu'en partie. Lui-même l'ignorait , car il était de ces bienfaiteurs chez qui, suivant le précepte

(1) Le 27 février 1863.

divin, la main gauche ignore l'aumône de la main droite. Nul
ne fut moins courtisan de popularité, plus éloigné du faste
dans la bienfaisance et de l'étalage humanitaire. Il aimait et
servait le peuple comme il faut le servir et l'aimer, sans le
flatter. Et cependant la popularité lui était venue. Il en reçut,
quelque temps avant sa mort, un éclatant et émouvant témoignage. Pendant son ambassade en Russie, un Français, dont
le nom ne peut plus être étranger à l'Auvergne, M. Mancel-
Chabot, établi à Saint-Pétersbourg, avait mis, par testament (1), à sa disposition une somme importante pour être,
au choix de notre compatriote, consacrée à une œuvre de
bienfaisance. M. de Barante l'employa à créer à Thiers, à
doter une société de secours mutuels entre ouvriers. Il pour-
vut à cette organisation avec une extrême sollicitude, étudiant lui-même tous les détails, et consultant, pour les régler,
les personnes les plus expérimentées en ces matières. L'œuvre
aussi bien préparée eut un plein succès. Plus de six cents ouvriers choisis parmi les pères de famille les plus intéressants,
c'est-à-dire, parmi les plus malheureux et les plus honnêtes,
composent l'association dirigée par un conseil électif d'administration. Etre admis dans les rangs de la société, quand une
vacance vient à s'y produire, est devenu, dans la ville indus-
trielle, un sujet d'émulation, une distinction fort ambitionnée.
Un jour que M. de Barante s'était rendu à Thiers pour assister
à la bénédiction du drapeau de la société, il fut, en sortant de
l'église, entouré tout-à-coup par tous ces bons ouvriers spon-
tanément réunis pour le remercier et l'acclamer dans l'effusion
de leur reconnaissance. Il fut ainsi fêté, accompagné jusqu'aux
portes de la ville, et il aurait été reconduit jusqu'à Barante s'il
ne s'y était opposé : toute la population de Thiers participant à
l'ovation qui fut aussi complète que touchante.

Hélas! la même foule devait bientôt se retrouver doulou-
reusement émue autour de son cercueil. L'an dernier, tout

(1) Ce testament n'a été ouvert et connu que lorsque M. de Barante avait
cessé de résider en Russie.

en conservant la pleine possession des facultés de son intelligence, il avait éprouvé, vers la fin de l'été, quelques symptômes d'affaiblissement physique. Ces symptômes s'aggravèrent et devinrent, au mois de novembre, subitement alarmants. Une dernière crise contre laquelle les ressources de l'art et les soins les plus dévoués restaient impuissants, avait mis fin en quelques jours à cette grande existence. L'illustre malade succomba ou plutôt s'éteignit au milieu des larmes et des prières de sa famille et de sa maison.

Vous savez, Messieurs, quelle profonde sensation la triste nouvelle produisit partout, dans notre département, dans la société de Paris, dans le monde des lettres. Mais à Thiers et dans les contrées voisines, il y eut une explosion de douleur publique telle qu'on n'en pourrait citer aucun autre exemple. C'était le deuil de toutes les familles, de toutes les classes et de tous les rangs, du pays tout entier. Faut-il rappeler ces funérailles où se pressait, non par l'attrait d'une vaine curiosité, mais par un mouvement de pieuse gratitude, un immense concours de populations ouvrières et rurales ; où les six cents ouvriers de la Société de secours mutuels se disputaient l'honneur de porter à sa dernière demeure la dépouille mortelle de leur bienfaiteur; où se retrouva, éloquente et fidèle, l'amitié du prince Albert de Broglie « parlant au nom de trois générations de sa famille » sur la tombe de son vieil ami ; où l'honorable magistrat (1) qui nous préside, exprima les regrets de l'Académie en termes si dignes de vos sentiments et de son cœur ?

Non, non, je ne veux plus, je ne dois plus insister sur les funèbres souvenirs ; mais je voudrais résumer, fixer, s'il m'était possible, quelques traits de la noble vie que j'ai essayé de raconter.

M. de Barante a été éminent historien à une époque dont la supériorité sur les siècles précédents en matière de recherches et de compositions historiques ne peut pas être contestée, dans le siècle des Thierry, des Guizot, des Thiers, des Mignet.

Homme public, il a été, constamment et sans effort, à la

____

(1) M. Grellet-Dumazeau, président à la Cour impériale de Riom.

hauteur de toutes les grandes situations, de toutes les importantes missions qui lui ont été confiées ; et par la ferme unité de sa vie, l'élévation morale de l'écrivain et du penseur se retrouvait en lui dans tous les actes du haut fonctionnaire, du législateur, du citoyen !

Ame douce et fière, il a été de l'élite qui ne mesure pas le dévouement et la conduite aux vulgaires calculs de l'intérêt et de l'ambition. Trois fois, dans sa jeunesse, dans l'âge mûr, il a brisé sa carrière pour n'obéir qu'à ses convictions et à se sprincipes.

Comme ses amis, Royer-Collard, le général Foy, Camille Jordan (je ne parle que des morts), il a aimé de toute son âme et servi de toutes ses forces, non la liberté révolutionnaire qui n'est que violence, anarchie, despotisme, par conséquent mensonge, mais la liberté vraie, honnête et légale, la liberté pour tous, seule sauvegarde efficace du droit de chacun, ou plutôt qui est le droit lui-même ; et cette sainte cause, aux jours de ses épreuves on de sa défaite, ne l'a jamais trouvé indifférent ou infidèle.

Enfin, comme couronnement de sa gloire humaine, M. de Barante a été un grand chrétien ; grand par la foi aussi sincère qu'éclairée, dont, à l'exemple de notre Pascal, il a déduit les motifs dans d'admirables pages sur la révélation ; grand par les œuvres et par toutes les vertus privées qui s'allient si bien à l'honneur politique. Ah ! je manquerais à tout ce que je dois à sa chère et illustre mémoire, si je ne disais en terminant, combien, dans ces nobles croyances, il avait puisé de force et de résignation, de vraie grandeur et de sérénité ; à quelle perfection continue de bonté, de justice, de raison pratique, il s'était élevé par la pensée chrétienne ; tout ce que le caractère profondément et simplement religieux de sa vaste intelligence imprimait d'autorité à sa parole et à ses conseils, donnait de charme à ses entretiens, et répandait autour de lui, dans ses relations privées, dans ses amitiés, dans sa famille, de consolation et de bonheur !

Clermont, typ. Ferdinand THIBAUD.

www.ingramcontent.com/pod-product-compliance
Lightning Source LLC
Chambersburg PA
CBHW051146050726
47594CB00003B/1265